China

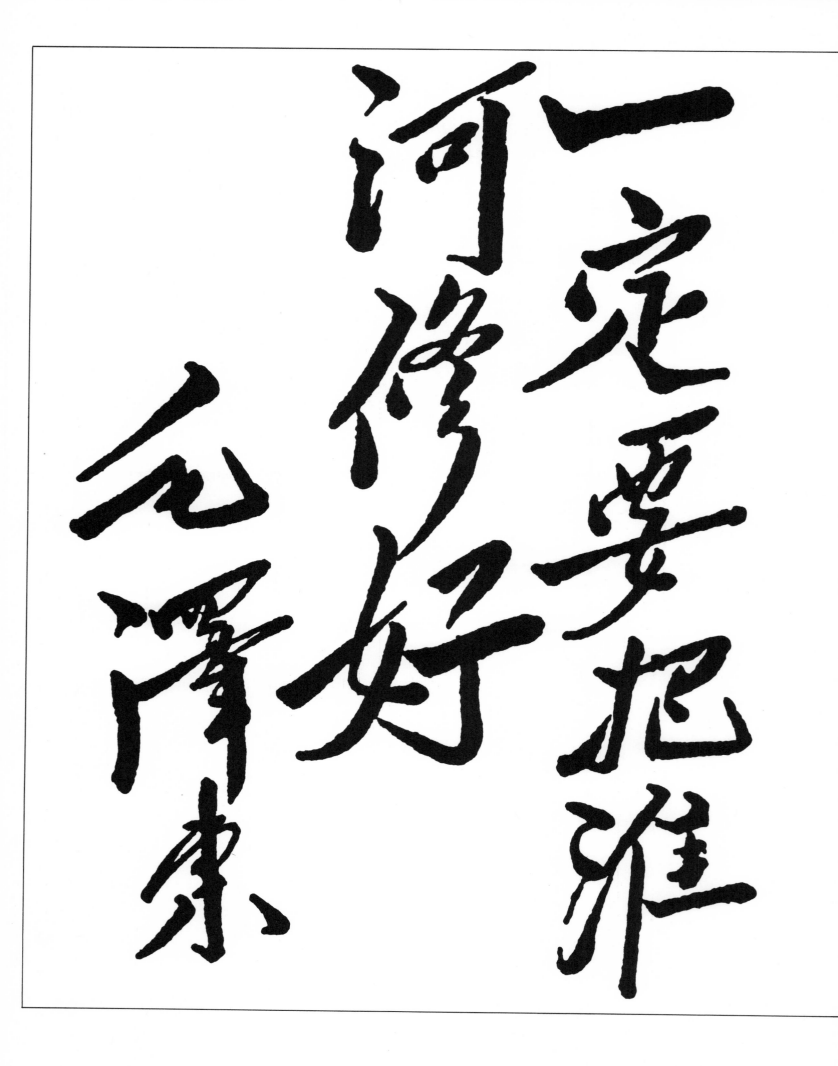

Peter Schicht
Ulla und Johannes Küchler

China

Bucher

Graphische Gestaltung: Hans F. Kammermann
Lektorat: Jürg Huber

Photos: Peter Schicht
Text: Ulla und Johannes Küchler

Der Literaturgott Kuixing, dargestellt in den entsprechenden Schriftzeichen von Ma Dezhao im 19. Jahrhundert.

Haupttitel: «Der Huai-Fluß muß erfolgreich reguliert werden», Kalligraphie von Mao Tsetung.

© 1978 by Verlag C. J. Bucher, Luzern und Frankfurt/M
Alle Rechte vorbehalten
Printed by C. J. Bucher AG, Luzern/Adligenswil
ISBN 3 7658 0269 7

Inhaltsverzeichnis

China aus europäischer Sicht

Konfuzius (551 bis 479 v. Chr.). Seine Lehre prägte die chinesische Staatsauffassung bis in unser Jahrhundert. Europäischer Stahlstich von 1880.

Von der Landschaft Mangi / jetzt China genant / und von der Barmhertzigkeit und Gerechtigkeit des Königs

Mangi / (das ist China / Sinarum regio,) ist die edelste und reichste Landschafft, die in gantz Orient mag seyn / die hat im Jahr 1269, ein König gehabt Janfur genant / der war überaus Reich und Mächtig / und ward in allen Landen kein mächtiger gefunden / dann dieser allein (den großen Can außgenommen.) Sein Königreich war so fest / daß mans für ungewünlich schätzet / darumb durfft niemands unterstehen mit ihm zu Kriegen. Daher kam daß der König sambt allem seinem Volck / alles Krieghandels unkündig wurden / dann alle Städte waren mit tieffen weiten Wassergräben umbgeben. So hielt der König kein Pferd / denn er besorgte sich vor niemands. Darumb lag

Über wenige Länder wird so widersprüchlich berichtet, wird so kontrovers und emotional diskutiert, bestehen so viele klischeehafte Vorstellungen wie über China: Bewunderung, ja Faszination einerseits, Ratlosigkeit und Furcht andrerseits, euphorische Bejahung und totale Ablehnung.

Auf der einen Seite beklagt man die vieltausendjährige Geschichte als schweren Ballast feudalen Erbes, geistiger Rückständigkeit des Volkes, von Aberglauben und Fremdenfeindlichkeit, auf der andern bewundert man China gerade um dieser Vergangenheit willen, die aufs Irdische ausgerichtete Ethik eines Konfuzius oder die Weisheit eines sich mit dem Kosmos eins fühlenden Laotse, die jahrtausendealte Philosophie und Kunst, das feine Porzellan, die Lackarbeiten, Kalligraphie und Eßkultur.

Was die Gegenwart betrifft, so beklagen die einen die manipulierten Massen, die politische Allgewalt und den Personenkult von Diktatoren wie Mao, beklagen Unfreiheit, Indoktrination, Stereotypismus, die sich zwangsläufig aus dem als totalitär empfundenen System ergeben oder – auch das eine weit verbreitete Meinung – aus dem «chinesischen Charakter», der «asiatischen Mentalität». Die andern bewundern – entweder explizit als Folge der chinesischen Revolution, des Wirkens der kommunistischen Partei, des demokratischen Zentralismus oder als Ausfluß eines diesmal positiv eingeschätzten «chinesischen Charakters» – die ungeheuren Aufbauleistungen der letzten Jahrzehnte, die offensichtliche Beseitigung des Hungers in einem Land, in dem es noch in diesem Jahrhundert Hungerkatastrophen von unvorstellbarem Ausmaß gegeben hat, bewundern die neuen Staudämme, Eisenbahnstrecken, die selbstgebauten 100 000-Tonnen-Tanker, Computer und Satelliten, den Fleiß und die Disziplin, die Anspruchslosigkeit und das Selbstvertrauen des chinesischen Volkes.

Es wurden immer wieder die eigenen Ängste und Sehnsüchte in China hineinprojiziert, je nachdem, was für ein Verhältnis man zur eigenen Gesellschaft hatte. Sah man in Europa den Ausgangspunkt und die Zukunft in Fortschritt und Humanität, wurde China aufgrund seiner Eigenständigkeit, seines Gewichts und seines Anspruchs zur Bedrohung. Sah man die Entwicklung Europas kritisch-sorgenvoll und suchte anderswo nach Alternativen, glaubte man in China das verwirklicht, was man im eigenen Land vermißte.

Es ist nicht eine Besonderheit unseres Jahrhunderts, daß die Vorstellungen von China zwischen solchen Extremen schwanken, sondern dieses Phänomen läßt sich bis weit in die Vergangenheit, ja fast bis in die Anfänge unserer Kenntnisse von China zurückverfolgen. China hatte als Objekt des Interesses immer wieder die Funktion eines Gegenbildes, einer Antithese zur eigenen Gesellschaft, weil es aufgrund seines hohen Entwicklungsstandes als einzige außereuropäische Kultur mit Europa vergleichbar war und außerdem weit genug entfernt lag, um eine differenzierte Betrachtung und Überprüfung der Informationen wirkungsvoll zu verhindern.

Die erste umfassende Kunde von einem hochentwickelten, mächtigen Reich außerhalb des christlichen Abendlandes, gleichsam am anderen Ende der Welt, kam von Marco Polo, der von 1271 bis 1292 im Mongolenreich, zu dem auch China damals gehörte, als Beamter und Gesandter des Kubilai-Khan lebte und reiste. Seine Schilderungen, festgehalten in dem Reisebericht *Beschreibungen der Welt* wurden von dem sich als Angelpunkt von Kultur und Zivilisation verstehenden Abendland entweder nicht geglaubt – man gab Marco Polo den Beinamen Il Milione = Aufschneider – oder von vielen Übersetzern und Bearbeitern so zum Phantastischen hin verändert, daß es den damals herrschenden Vorstellungen von nicht-zivilisierten, heidnischen Völkern entsprach. (Daß China sich ebenfalls als Ausgangspunkt aller Kultur und Zivilisation verstand, wie dies in der Bezeichnung «Reich der Mitte» zum Ausdruck kommt, davon an anderer Stelle.)

China rückte immer stärker ins europäische Blickfeld, als im 16. Jahrhundert zuerst die Portugiesen, dann die Spanier und Holländer versuchten, dort Fuß zu fassen. Die Jesuiten konnten seit Ende des 16. Jahrhunderts einen gewissen Einfluß in der chinesischen Beamtenschaft und später am Kaiserhof gewinnen; einige wurden sogar Leiter des astronomischen Amtes am Hof. Das durch die Jesuitenmission vermittelte China-Bild – ein von Wohlstand, Ruhe und Frieden gekennzeichnetes, von weisen Herrschern regiertes mächtiges Reich, in dem Künste und Wissenschaften blühten, Vernunft und Sittlichkeit das Leben aller bestimmten – übte großen Einfluß auf die geistigen Auseinandersetzungen im Europa der Aufklärung aus. China wurde nun nicht nur als gleichwertig angesehen im Hinblick auf Europa – ein Europa, das von ständigen Kriegen heimgesucht war und noch Spuren des Dreißigjährigen Krieges zeigte –, sondern in vieler Hinsicht als überlegen. «Derart wahrlich scheint mir der Zustand unserer Verhältnisse zu sein, bei dem die Sittenverderbnis ins Ungeheure anwächst», schreibt Leibniz 1697 in den *Novissima Sinica*, «daß man es fast für notwendig halten sollte, daß Missionare der

Marco Polo. Holzschnitt aus dem 17. Jahrhundert.

der König stets im Luder und Wollust. Er hat an seinen Hoff / und in seinem Dienst auff die Tausend / die aller schönste Weiber / mit den er die meiste Zeit zubracht / sonst hat er auch ein stadlich Hoffgesinde. Da dorfft keiner den andern betrüben / oder Brüderlichen Frieden brechen / er werde anders darumb nach gebür der Sachen gestrafft worden. Dann der König pflantzet Gerechtigkeit / so unterstunde er Frieden zu erhalten / so hete er auch ein groß gefallen an Barmhertzigkeit. Darumb war in dem Reich eine solche Einmühtigkeit / daß die Handwercksleute bey Nacht ihre Werckstadt offen ließen / Denn es unterstund niemandts darein zu gehen. Es mocht ein jeder sicher durch das Königreich wandern / bey Tag und bey Nacht / dann es war niemand den er hette furchten dürffen.

«Chorographia Tartariae», Leipzig 1611 (dt. Fassung des Marco-Polo-Berichts)

7

Chinesen zu uns gesandt werden, die uns Zweck und Anwendung der natürlichen Theologie lehren, ebenso wie wir solche zu ihnen schicken, die sie in der offenbarten Theologie unterrichten. Ich glaube deshalb, wenn ein Weiser zum Richter nicht über die Schönheit von Göttinnen, sondern über die Vorzüglichkeit der Völker gewählt würde, er den goldenen Apfel den Chinesen reichen würde, wenn wir diese nicht durch ein einziges, allerdings übermenschliches Gut überragten, nämlich durch das göttliche Geschenk der christlichen Religion.»

Während es den Jesuiten in erster Linie darum ging, China das Heil des Abendlandes, eben die christliche Religion, zu bringen, war Leibniz bemüht, die chinesische Kultur für das Abendland fruchtbar zu machen. Leibniz, der die menschliche Kultur als etwas Allumfassendes verstand und damit offen war für den Gedanken der *relativen* Bedeutung der abendländischen Kultur, war überzeugt von dem intellektuellen Wert der chinesischen Zivilisation für die Entwicklung in Europa.

Daß es ihm bei seiner Beschäftigung mit China nicht nur um die großen Probleme der Philosophie, der Organisation des Staatswesens, der Moral ging, sondern um alle möglichen Detailbereiche – um Fragen zum Buchdruck, zur Porzellanherstellung, zur Geschichte, Geographie, Sprache und Schrift, zur Medizin und Heilmittellehre, Astronomie, Papierfabrikation –, zeigen seine unermüdlichen Briefe an die in China tätigen Missionare. Sorgenvoll beobachtete er, wie die Missionspolitik der Jesuiten mehr und mehr ins Kreuzfeuer der Kritik geriet, sorgenvoll deshalb, weil er dadurch die Mission in China als solche und damit den Zugang zu den Errungenschaften chinesischer Wissenschaften, Kunst und Technik gefährdet sah.

Er selbst trug zur Konkretisierung der Kultursynthese zwischen Ost und West unter anderem durch seine Bemühungen um die Gründung von Akademien bei, in denen das Studium Chinas eine wichtige Rolle spielen sollte, und durch seine Bemühungen um die Erschließung und Sicherung des durch Rußland führenden Landwegs von Europa nach China.

Waren bei Leibniz die Vorstellungen von China zwar bereits idealisiert, so stand doch die Idee des gegenseitigen Austauschs im Mittelpunkt seines Denkens. Im weiteren Verlauf der Aufklärung wird China, vor allem in Frankreich, immer mehr zum Ideal, das chinesische Volk zum Sinnbild der Tugend, das chinesische Staatswesen «zum besten, das die Welt jemals gesehen hat», wie Voltaire es ausdrückt, wird eine Diskussion im Bereich der politischen Theorie wie in fast allen Bereichen der Wissenschaft, ohne sich auf China zu beziehen, immer unmöglicher – kurz, wird China für die geistige Elite Europas, der es vor allem auf die rationale, humane Bewältigung des Diesseits ankommt, zum Vorbild. Hier besteht gleichsam ein Verhältnis zu China, wie es sich unter

Fortsetzung Seite 17

ganz anderen Voraussetzungen und in einem ganz anderen historischen Zusammenhang einige Jahrhunderte später bei einem großen Teil der Intellektuellen neu herausbilden wird.

Bereits im Laufe des 18. Jahrhunderts macht sich ein deutlicher Wandel in der China-Rezeption bemerkbar. Die Verfolgungen der Missionare in China, zum Teil verschuldet durch den Streit der katholischen Orden untereinander sowie durch die vom Papst vollzogene Auflösung des Jesuitenordens, die zur Folge haben, daß man sich immer weniger den chinesischen Normen anpaßt,

immer weniger die konfuzianischen Riten achtet –, diese Verfolgungen wirken sich auf die Berichterstattung der Missionare aus: War diese vorher über alle Maßen positiv, so wird sie nun immer stärker auch von negativen Eindrücken bestimmt.

Wichtiger aber noch für die Veränderung des China-Bildes in Europa sind die sich wandelnden ökonomischen und politischen Verhältnisse. Der Siegeszug der industriellen Revolution im 19. Jahrhundert und das daraus resultierende Selbstbewußtsein der aufsteigenden bürgerlichen Klasse führen zu einem Überlegenheitsgefühl, das ausschlaggebend für das Verhältnis zu China

Einzug eines belgischen Missionars in einer chinesischen Stadt im Jahre 1879. Deutscher Stahlstich von 1880.

(wie zu allen nicht-europäischen Völkern) wird. Man beschäftigt sich fast ausschließlich mit den Voraussetzungen für die eigene einzigartige Entwicklung und setzt europäische Entwicklung mit historischer Entwicklung schlechthin gleich. «Wir haben vor uns den ältesten Staat und doch keine Vergangenheit, sondern einen Staat, der ebenso heute existiert, wie wir ihn in alten Zeiten kennenlernen», schreibt Hegel, und für den Historiker Ranke gehört China zu «den Völkern des ewigen Stillstands». China wird für Europa immer mehr als potentielle Kolonie, als Lieferant von

Ein Regierungsgebäude in Hong Kong, Beispiel für die englische Kolonialarchitektur, zeitgenössische europäische Darstellung.

Rohstoffen, als Absatzmarkt interessant. Nicht mehr Abhandlungen über Philosophie, Wissenschaft und Kunst dominieren nun in den Schriften über China, sondern geographische Daten, Berichte über Bodenschätze und sonstige für Banken, Handel und Industrie verwertbare Fakten. Es wird die allgemeine Rückständigkeit in China betont – die schlechten Transportmöglichkeiten, die Primitivität der landwirtschaftlichen Geräte, das Fehlen von größeren Fabriken und Bergwerken, die mangelnde Hygiene, und man entrüstet sich über die Korruptheit der Verwaltung, die barbarischen Gesetze und alle möglichen chinesischen Charaktereigenschaften. Diese negativen Seiten werden nicht nur deshalb hervorgehoben, weil sie real so empfunden werden, sondern weil sie eine Rechtfertigung darstellen für die Expansion der europäischen Mächte: Man befreit China von seiner Rückständigkeit und läßt es teilhaben an den Errungenschaften der abendländischen christlichen Zivilisation. Zugleich bedeutet es Legitimation für Forderungen nach bestimmten Privilegien und Konzessionen wie zum Beispiel die Forderung nach Extraterritorialität, das heißt unter anderem: Rechtsprechung nicht nach den chinesischen Gesetzen, sondern nach denen des eigenen Landes.

Die Geringschätzung Chinas wird noch dadurch verstärkt, daß die chinesische Regierung entweder Schritt für Schritt vor den Forderungen der Kolonialmächte zurückweicht oder im Kampf mit den ausländischen Kanonenbooten unterliegt. Reaktionen aus der chinesischen Bevölkerung auf die durch die Fremden erlittenen Demütigungen (Boxeraufstand – nach dem 1901 diktierten «Boxerprotokoll» mußte China unter anderem eine Sühnedelegation nach Deutschland entsenden und die Stationierung ausländischer Truppen zulassen) werden wiederum nicht als Ausdruck der Selbstbehauptung, sondern als Beweis für den barbarischen Charakter des chinesischen Volks gewertet.

Die Einnahme von Liangxian durch deutsche Infanterie und bengalische Lanzenreiter während des Boxerkrieges, zeitgenössische europäische Darstellung.

Noch eine letzte historische Etappe soll als Beispiel für die China-Rezeption im Westen angeführt werden, und zwar die Jahrzehnte nach dem zweiten Weltkrieg.

Inzwischen hatte sich längst eine China-Wissenschaft etabliert, zunächst weitgehend auf chinesische Sprache und Literatur beschränkt, dann aber zunehmend auf die chinesische Gesellschaft eingehend – detailliertere Kenntnisse aufgrund präziserer Informationen waren also mehr und mehr vorhanden. Dennoch war eine sachliche Auseinandersetzung mit China nicht oder kaum gegeben, um so weniger als die Gründung der Volksrepublik und die Machtübernahme durch die Kommunisten mitten in die Zeit des Kalten Krieges fiel, der die Welt in zwei Hälften teilte – eine böse und eine gute Hälfte, das kommunistische und das antikommunistische Lager. In weiten Kreisen der westlichen Welt, insbesondere den USA, wurde die chinesische Revolution und die Machtergreifung durch die Kommunistische Partei als ein «persönlicher Verlust» empfunden, als ein sowjetisches Komplott gegen die «freie» Welt. «Die Kommunisten (in Moskau) übernahmen die Macht in China zu einem lächerlich geringen Preis. Sie luden einfach einige mit der Entwicklung in ihrem Land unzufriedene chinesische Führer nach Moskau ein. Dort wurden sie so gründlich geschult, daß ihnen bei ihrer Rückkehr nach China jedes Mittel recht war, um die Herrschaft der Kommunisten durchzusetzen. Sie waren der Moskauer Regierung sklavisch ergeben ... Diese Agenten mischten sich dann unter die Leute und machten ihnen die persönlichen materiellen Vorteile des Kommunismus schmackhaft...». So der amerikanische Außenminister Dean Acheson.

Die westliche Berichterstattung anläßlich des Indochina- und insbesondere des Koreakrieges, der China nun auch noch den Stempel des Aggressors und den Ausschluß aus der UNO einbrachte, trug ebenfalls viel zum Klischee vom kommunistischen und daher grundsätzlich bösen und verwerflichen «Rot-China» in den fünfziger und sechziger Jahren bei. Man machte sich weder die Mühe, sich über den Verlauf und die Gründe für den Erfolg der chinesischen Revolution und über die Hintergründe des Koreakrieges zu informieren, noch nahm man die Tatsache zur Kenntnis, daß die Sowjetunion hauptsächlich Tschiang Kaischek und die Guomindang unterstützt hatte und nur in sehr geringem Umfang die Kommunistische Partei.

Mit der Kulturrevolution in China trat eine Wende in der China-Rezeption ein. Die USA, die lange Zeit als Inbegriff von Freiheit und Demokratie galten, hatten durch Bomben und Napalm in Indochina ihre Glaubwürdigkeit verloren. Gleichzeitig schien mit der Kulturrevolution und ihrer Kritik an der Parteibürokratie eine neue sozialistische Praxis möglich. Damit wurde die Volksrepublik in bestimmten universitären Kreisen zum Symbol einer neuen Befreiung, eines neuen, vom Volk getragenen Sozialismus und ein Gegenmodell zur Sowjetunion. Ähnlich wie China in den fünfziger und sechziger Jahren zum Negativbild geworden war, wurde es nun zum Positivbild, das weniger etwas mit den realen Verhältnissen dort zu tun hatte als mit den hiesigen Bedürfnissen nach Perspektiven für eine humanere Gesellschaft. Erst mit den politischen Veränderungen seit Maos Tod stellte sich eine gewisse Ernüchterung ein. In den Kreisen, die China in den fünfziger und sechziger Jahren tabuisierten und mit der Kulturrevolution ihre Vorstellung von der Unberechenbarkeit und dem Fanatismus der Chinesen bestätigt sahen, läßt sich heute hingegen ein größeres Interesse und eine zurückhaltendere, beziehungsweise positivere Beurteilung Chinas feststellen. Diese veränderte Position hängt mit der zunehmenden Bedeutung Chinas als Handelspartner und Machtfaktor in der internationalen Politik zusammen.

Was die europäische Sicht von China entscheidend mitprägt, ist das Verständnis der Chinesen von sich selbst, von dem, was sie für erstrebenswert halten, von ihrer Rolle in der Welt und wie sie ihr Land, die Wirklichkeit darstellen.

Das klassische China verstand sich als das Zentrum der bewohnten Welt, als Ausgangspunkt aller Kultur und Zivilisation. Der Kaiser war als Sohn des Himmels nicht einer von vielen Herrschern, sondern kraft seiner Mittlerrolle zwischen Himmel und Erde Herrscher der gesamten bewohnten Welt. Der chinesische Ausdruck für Reich – *tian xia* – bedeutet «das, was unter dem Himmel ist», das heißt Menschenwelt schlechthin. Je weiter man sich gemäß chinesischem Selbstverständnis von diesem Zentrum entfernte, desto stärker nahmen Kultur und Zivilisation ab. China fühlte sich umgeben von Barbaren – Barbaren schon deshalb, weil sie sich zum Beispiel aufgrund ihres niedrigen Zivilisationsstandes nicht einmal bewußt waren, daß sie Untertanen des chinesischen Kaisers waren.

Dieses Selbstverständnis reichte bis ins 19. Jahrhundert hinein, wie folgende Begebenheit zeigt: Als 1839 die Engländer in einem Schreiben an den chinesischen Generalgouverneur von Kanton von der Aufrechterhaltung des Friedens zwischen den beiden Ländern, das heißt China und England, sprachen, bemerkte der chinesische Generalgouverneur dazu: «Was die Ausdrucksweise der Zuschrift anlangt, so ist vieles daran unverständlich. So verstehe ich zum Beispiel nicht die Bedeutung der Worte von ‹den beiden Ländern›. Solange unsere vom Himmel eingesetzte Dynastie die ganze Welt in demütiger Unterwürfigkeit hält und die himmlische Güte des großen Kaisers alle überschattet, haben die genannte Nation (gemeint ist England) und die Amerikaner durch ihren Handel in Kanton viele Jahre lang von allen Untertanen sich des größten Maßes an Gunsterweisungen erfreut. Und so nehme ich an, es müs-

wo sie mit ihnen sind, den alten deutschen Waffenruf bekräftigt und bewährt und mit Ruhm und Sieg sich verteidigt und ihre Aufgaben gelöst. So sende Ich Euch nun hinaus, um das Unrecht zu rächen, und Ich werde nicht eher ruhen, als bis die deutschen Fahnen, vereint mit denen der anderen Mächte, siegreich über den chinesischen wehen und, auf den Mauern Pekings aufgepflanzt, den Chinesen den Frieden diktieren.

Ihr habt gute Kameradschaft zu halten mit allen Truppen, mit denen Ihr dort zusammenkommt, Russen, Engländern, Franzosen, wer es auch sei; sie fechten alle für die eine Sache, für die Zivilisation. Wir denken auch noch an etwas Höheres, an unsere Religion und die Verteidigung und den Schutz unserer Brüder da draußen, die zum Teil mit ihrem Leben für ihren Heiland eingetreten sind. Denkt auch an unsere Waffenehre, denkt an diejenigen, die vor Euch gefochten haben, und zieht hinaus mit dem alten brandenburgischen Fahnenspruch:

«Vertrau’ auf Gott, dich tapfer Wehr’.
Daraus besteht dein ganze Ehr!
Denn, wer’s auf Gott herzhaftig wagt,
Wird nimmer aus der Welt gejagt.»

Die Fahnen, die hier über Euch wehen, gehen zum erstenmal ins Feuer. Daß Ihr Mir dieselben rein und fleckenlos und ohne Makel zurückbringt! Mein Dank und Mein Interesse, Meine Gebete und Meine Fürsorge werden Euch nicht fehlen und Euch nicht verlassen, mit ihnen werde Ich Euch begleiten!»

aus EMIL WILHELMY, «China – Land und Leute», Berlin 1903, S.671–673

21

sen England und Amerika sein, die zusammen ‹die beiden Länder› genannt werden. Aber die Bedeutung der Worte läßt an Klarheit sehr zu wünschen übrig.» (in: W. Franke, 1962)

Dieser Anspruch mußte zwangsläufig mit dem Überlegenheitsgefühl der sich die Welt unterwerfenden europäischen Mächte zusammenprallen und zu einem gestörten Verhältnis führen, einem Verhältnis voller Mißtrauen und gegenseitiger Mißachtung. Die Demütigungen, die China durch das Ausland erlitt, erschütterten sein Selbstbewußtsein sehr, und der Sturz der kaiserlichen Dyna-

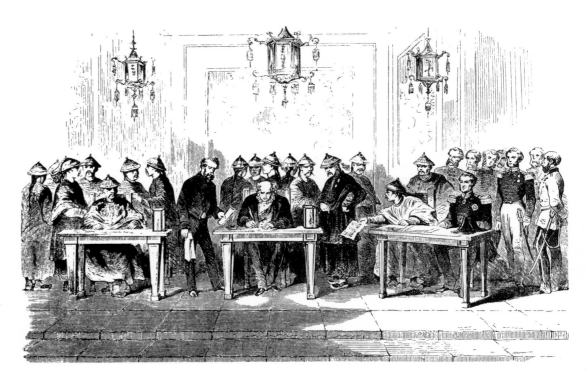

Bereits im Anschluß an den Opiumkrieg nutzten die Kolonialmächte die innenpolitischen Auseinandersetzungen in China zu immer weiter gehenden Ansprüchen. Der Friedensvertrag zwischen England und China (im Bild seine Unterzeichnung in Tianjin / Tientsin) vom 26. Juni 1858 öffnete den Europäern zusätzliche Vertragshäfen.

stie im Jahre 1911 entzog seinem Weltherrschaftsanspruch die Legitimation.

Erst mit der Gründung der Volksrepublik, mit der Wiederherstellung der staatlichen Einheit, konnten sich auf einer neuen Basis ein neues Selbstverständnis herausbilden und sich gewisse Elemente des traditionellen Selbstverständnisses erneut durchsetzen.

In dem Maße, in dem die Volksrepublik die Ziele des Marxismus-Leninismus durch die Sowjetunion verraten sah und sich selbst als das wahre Zentrum der Revolution begriff – Mao Tsetung trat als eigenständiger Klassiker neben Marx, Engels und Lenin –, in dem Maße fühlte sie sich dazu aufgerufen, im Kampf um eine neue revolutionäre Gesellschaftsordnung die Führungsrolle zu übernehmen. Da außerdem nach chinesischer Einschätzung der Weltlage die Revolution im Weltmaßstab und der Kampf gegen Kapitalismus und Imperialismus unvermeidlich von den armen Agrarländern, den «Dörfern» der Welt, und nicht von den hochentwickelten Ländern, den Metropolen ausgeht, sieht China sich als fortgeschrittenstes unter den Entwicklungsländern zwangsläufig in der Rolle der Vorhut, der Avantgarde.

Damit ist trotz technologischen und wirtschaftlichen Rückstands hinter der hochtechnisierten westlichen Welt nicht nur ein neues (altes) Selbstbewußtsein möglich, sondern erneut ein Gefühl geistig-kultureller Überlegenheit.

So erlebten wir es in China einmal, daß man uns auf Fragen zu bestimmten Ereignissen die Volksrepublik betreffend antwortete: «Das könnt ihr nicht verstehen, ihr kommt aus einem kapitalistischen Land.» Nicht mit unserer Unkenntnis von China wurden wir konfrontiert, sondern damit, daß wir als «Kapitalisten» – Ka-

«Der Kulturpalast der Werktätigen in Peking», Holzschnitt von Gu Yuan, um 1950.

pitalisten in dem Sinn, daß wir aus einem kapitalistischen Land kamen – den Kommunismus nicht verstanden.

Selbstverständnis und Selbstdarstellung hängen eng miteinander zusammen.

Die Darstellung und Interpretation der chinesischen Gesellschaft und Geschichte wurden in der Vergangenheit von einer kleinen Schicht – den konfuzianischen Gelehrten-Beamten, die allein die Schrift und damit die Klassiker beherrschten – vorgenommen und gaben dementsprechend nur deren Gesellschafts- und Selbstverständnis wieder, also nicht das Ganze, sondern nur einen Teil der Wirklichkeit.

Daß auch die heutige Selbstdarstellung in China in hohem Grad zentral verwaltet und inhaltlich bestimmt wird, läßt sich einmal an der konkreten Berichterstattung ablesen und ergibt sich außerdem aus dem Leitungsanspruch und Informationsmonopol der Kommunistischen Partei Chinas. Wenn ein ausländischer Reisender in China zu bestimmten politischen Ereignissen und Veränderungen Fragen hat, so wird man ihm im Norden wie im Süden, in der Stadt oder im Dorf, im Kindergarten oder in der Hochschule ähnliche Antworten geben. Artikel in chinesischen Zeitungen werden den Sachverhalt nicht anders kommentieren und chinesische Filme und Fernsehsendungen sie in der gleichen Richtung illustrieren. Es hat den Anschein, als ob überall in China, sei es in einem tibetischen Dorf oder in einer Hausfrauenfabrik in Kanton, die gleichen Auseinandersetzungen, die gleichen konkreten Ziele verfolgt würden, die gleichen Erfolge erkennbar wären.

Es fällt weiter auf, daß die Gegenwart immer in relativer Harmonie erscheint, daß Probleme erst dann aufgezeigt werden, wenn sie als gelöst gelten, daß nicht der jeweilige Ist-Zustand in all seiner Differenziertheit und Widersprüchlichkeit dargestellt wird, sondern daß die Realität bestimmten Prinzipien und Ansprüchen angepaßt scheint.

Was hier über die China-Rezeption in Europa und die chinesische Selbstdarstellung gesagt wurde, veranschaulicht ein wenig die Auswahl der Photos in diesem Band.

Auf der einen Seite geben die Bilder etwas von der hier bei uns häufig anzutreffenden sinophilen Haltung wieder, die sich in der Vorliebe für die geschwungenen Dächer alter Paläste und Pagoden ausdrückt (und die die Realität der Arbeit, die das Bestimmende im Leben eines jeden Volkes ist, relativ unberücksichtigt läßt), auf der anderen Seite drücken sie aus, was man in China ausländischen Reisenden gern vorstellt: schöne Landschaften (Provinz Guizhou), Parks und Bauwerke, die an die alte Geschichte Chinas und seinen hohen Kulturstand erinnern, Kinder als zukunftsträchtiges Symbol einer aufsteigenden Gesellschaft, Ausbildungsbereiche, Kunsthandwerk.

Ebenso, wie man chinesische Selbstdarstellung und chinesische Realität nicht gleichsetzen darf, ebenso sind Bilder und Text dieses Buches nur ein winziger Ausschnitt aus der ungeheuren Vielfältigkeit Chinas.

China – Asien im kleinen

Tibetische oder uighurische Studenten in ihren nationalen Trachten erregen auf Pekings Hauptgeschäftsstraße mindestens so viel Aufsehen, wie wenn sie in Berlin über den Kurfürstendamm schlenderten. Und ein Schanghaier, der als Techniker in die Innere Mongolei versetzt wird, dürfte sich dort fast so fremd fühlen wie ein Techniker aus Paris in der südrussischen Steppe.

Hätte ein europäischer China-Reisender zu erläutern, wie Bauern in China leben, so stünde er vor ähnlichen Schwierigkeiten wie ein Europäer, der Chinesen auf die (uns unsinnig erscheinende) Frage antworten sollte: Wie leben die Bauern in Europa? Denn zwischen allen europäischen Bauern (und zwischen allen chinesischen) gibt es kaum mehr Gemeinsamkeiten als die reichlich banale, daß sie alle von der Landwirtschaft leben.

«Aus dem Meer der Bäume des Zhangbaigebirges werden Kiefern abgefahren», Holzschnitt von Zhao Jiyuan.

25

Der französische Historiker Gernet spricht treffend von der «monde chinois» und stellt fest, daß das Fehlen nationaler Kriterien, die uns in Europa zum Beispiel zwischen Franzosen, Spaniern, Italienern, Rumänen zu unterscheiden erlauben, in der «chinesischen Welt» eine Vielfalt verdeckt, die das Produkt einer langen Geschichte ist – früher ohne Zweifel stärker akzentuiert als heute, wo Erziehung und Kommunikationsmöglichkeiten den ursprünglichen Charakter der verschiedenen Regionen zu verwischen beginnen.

Diese Nicht-Einheitlichkeit ist natürlich zunächst einmal durch die physisch-geographische Vielfalt vorgegeben. Um sich das vor Augen zu führen, braucht man nur all das zusammenzutragen, was man sonst im Geographieunterricht der Schule als Erscheinungen verschiedener Kontinente und Klimazonen kennenlernte: Korallenriffe und Palmenhaine am Südchinesischen Meer, Sand- und Steinwüsten (Gobi, Taklamakan), tropische Mangrovenküsten im südlichen Guangdong, Prärien in der Mandschurei, tropischer immerfeuchter Regenwald im unteren Teil des Yalutsangpo (Brahmaputra), Gras- und Salzkraut-Steppen in der Mongolei und Dsungarei, gewaltige Hochgebirgsplateaus in Tibet und Qinghai, Nadelwälder, die schon in die Taiga übergehen, im Nordosten...

Diese naturgegebene Vielfalt dokumentieren genauso die großen Ströme: Der Schwarz-Drachen-Fluß (Heilongjiang/Amur) ist mit seiner langen alljährlichen Vereisung schon fast zu den großen sibirischen Flüssen zu rechnen. Der Gelbe Fluß (Huanghe), der in der Provinz Shandong ins Gelbe Meer (Huanghai) mündet, ist für uns vielleicht der «chinesischste» Fluß. Da, wo er das Lößgebiet durchquert, liegt der Ursprung der chinesischen Kultur. Hier entstand vor mehr als 2000 Jahren der chinesische Einheitsstaat unter dem «gelben Kaiser» *Chin-shi-huang-di*. Durch die Verfrachtung von gewaltigen Mengen an Löß erhöhte der Fluß im Unterlauf ständig sein Bett und verlagerte es mehrfach im Laufe der Geschichte. So steht der Name des Flusses für Katastrophen und Fruchtbarkeit zugleich.

Ganz anders wiederum der Yangzi, dessen Name in China die Assoziation «Süden», «Fisch und Reis» als Symbole der Üppigkeit auslöst. Er ist mit 6300 Kilometern nach Nil und Amazonas der längste Fluß der Erde. Seit Jahrhunderten bildet er Chinas wichtigste Ost-West-Verkehrsader. Da er im Gegensatz zum Huanghe sehr niederschlags- und vegetationsreiche Gebiete entwässert, führt er ungleich mehr Wasser und viel weniger Schwebstoff. So ist das Hochwasserproblem am Unterlauf leichter zu lösen, da zudem den Flußlauf eine Kette von natürlichen Rückstauseen begleiten.

Die klimatische Variationsbreite Chinas ist für die Chinesen selbst immer wieder eine Überraschung. Wenn Kantonesen in einem Dokumentarfilm über den Nordosten ihres Landes auf dem Eis rutschende Kinder sehen, dann kennt ihr Gelächter und Entzücken keine Grenzen, weil in ihrer Provinz die Sommertemperaturen (und der Sommer dort ist lang!) auf über 40 Grad klettern und im Winter die Temperatur selten unter zehn Grad sinkt, also Schnee und Eis etwas völlig Unbekanntes sind. Pekinger Studenten wiederum erzählten uns, daß sie, als sie als Mittelschüler während der Kulturrevolution in den Süden reisten, sich dort bei den noch sommerlich warmen Temperaturen in ihren dicken wattier-

«Nacht bei den Fischern», Holzschnitt von Xuan Yongsheng.

ten Mänteln, die man in Peking Anfang November bereits trägt, nicht gerade wohl fühlten.

Aber auch die jährlichen Temperatur- und Feuchtigkeitsschwankungen innerhalb einer Region sind – abgesehen vom Süden – extrem aufgrund des Festlandklimas: die Sommer sind feucht und heiß, die Winter trocken und kalt. Überall ersannen die Menschen entsprechend den ihnen zur Verfügung stehenden Möglichkeiten Mittel, um das Leben erträglicher zu machen: Belüftungssysteme, Wärmespender, Schutz vor Sand- und Schneestürmen, Abhilfe gegen zuviel Regen oder zuwenig. Im Norden ist es die Kälte, der eisige Wind aus der Steppe, gegen den man sich schützen muß. So trägt man in den Viehzuchtgebieten im Winter Fellkleidung, besonders Schafspelze; in der Großen Ebene gesteppte Baumwollkleidung; Hosen, Jacken, Mäntel, Schuhe, alles wird dick mit Baumwolle wattiert. Die Häuser baut man südexponiert, um die Sonnenstrahlung voll nutzen zu können. Mit Hilfe des gemauerten *Kang* dient die Herdwärme gleichzeitig der Zimmer- und Bettheizung. Lehmmauern und Zäune aus Maisstroh, die den Hof umgeben, halten den Nordwind ab.

Im Süden steht man vor dem Problem exzessiver Hitze. Hier gibt es seit Jahrhunderten eine differenzierte Fächer-Kultur: Fächer aus Palmblättern, Papier und Bambus, Sandelholz, Elfenbein, Seide … die Vielfalt ist unendlich groß. In einer Fabrik der Kreisstadt Xinhui im Perlflußdelta bewegte ein Kettenantrieb riesige Sperrholzbretter an der Decke hin und her und sorgte so wirkungsvoll für Ventilation.

So wie man sich im Winter mit heißem Wasser aus der Thermosflasche gegen die kalt-trockene Luft behilft, so schützt man sich im Sommer gegen die überfallartigen Regen, in denen alles zu ertrinken droht, mit Schirmen aus Bambus und Ölpapier (und natürlich auch solchen mit Stoff bespannt), von denen es eine breite regionale Vielfalt im Süden des Landes gibt, mit Capes aus Reisstroh, die besonders im Yangzi-Gebiet verbreitet sind und erst allmählich durch Plastik und Öltuch ersetzt werden, und mit breiten Bauernhüten aus Stroh und Papier, die meist einen Durchmesser von fast einem Meter haben, aber in Form und Material sehr deutliche örtliche Unterschiede aufweisen und gleichermaßen zum Schutz vor Regen und Sonne dienen.

Was in ganz besonderem Maße zu Chinas enormer regionaler Differenzierung und zu der Eigenständigkeit ganzer Gebiete und Volksgruppen beigetragen hat und immer noch beiträgt, das sind die Berge. Die Provinz Sichuan, die allseitig von Bergketten umgeben ist, macht dies in extremer Weise deutlich: Im Osten und Süden steigen die Berge auf 1000 bis 2500 Meter an, im Norden auf über 3700 und im Westen bis 7500. Die 80 Millionen Einwohner dieser Provinz von der Größe Frankreichs sind selbst heute erst durch drei Bahnlinien und durch den Yangzi mit seinen gefährlichen Schluchten mit dem übrigen China verbunden!

Wie sehr im Bewußtsein vieler Menschen in China die Berge als fester Bestandteil ihres Lebens, ihrer Kultur im weitesten Sinne einen Platz haben – nur fünfzehn Prozent des 9,6 Millionen Quadratkilometer großen Territoriums liegen unter 500 Meter über Meer, 69 Prozent aber in Höhen von über 1000 Meter! –, wird deutlich an ihrer Präsenz in fast allen Bereichen, mit denen man in Berührung kommt, sei es Kunst, Geschichte oder Propaganda.

Das bekannteste chinesische Bauwerk, die Chinesische Mauer, schlängelt sich wie ein Drache über die steilen Bergketten. Siedlungen und Gräber sollten gemäß den alten geomantischen Regeln sich an einen Berg im Norden anlehnen, der vor Gefahren schützt und sich nach Süden, dem Wasser zu, öffnen.

In der chinesischen Malerei, sowohl der traditionell orientierten wie der «modernen», fallen die Berge als beständig wiederkehrendes Element auf: steile Hänge und Schluchten, bizarre Bergformen, manchmal abrupt aus der Ebene aufragend, in früheren Zeiten mit Tempelchen und Pagoden auf Felsvorsprüngen oder in geschützten Nischen, heute mit Brücken und Aquädukten über schwindelerregenden Abgründen.

Liest man in Geschichtsbüchern und alten Romanen von Räuberbanden und Bauernaufständen, von denen es unzählige in der chinesischen Geschichte gegeben hat, so scheinen sie einem undenkbar ohne die unwegsamen Berge, die Schutz vor Verfolgung und Unterschlupf gewährten.

Und denkt man an die revolutionäre Geschichte des 20. Jahrhunderts, so fällt einem der Jinggangshan ein, das Grenzgebirge zwischen Hunan und Jiangxi, wo die Rote Armee gegründet und von wo aus die Vorstöße zur Ausweitung der Sowjet-Gebiete unternommen wurden. Von den Lößbergen in Yan'an aus wurde

«Zehntausend Gewässer und tausend Berge sind nichts», Holzschnitt von Feng Zhongtie zur Eröffnung der Eisenbahnlinie Chengdu–Kunming, welche nun die wichtigsten Zentren im Südwesten miteinander verbindet.

dann der Kampf gegen die japanische Invasion geführt. Dazwischen lag der Lange Marsch – der Rückzug der Kommunisten in den Nordwesten. Die «Schneeberge», unüberwindlich scheinende und doch überwundene Schwierigkeiten, brachten ihn beinahe zum Scheitern. Immer wieder waren die Berge Ausgangspunkt für die revolutionäre Strategie und Rückzugsgebiet. Viele neue Peking-Opern zeugen davon wie etwa «Der Azaleenberg», «Mit taktischem Geschick den Tigerberg erobern» oder «Das Weißhaarige Mädchen».

Schwierigkeiten, die sich überwinden lassen – in der gesamten chinesischen Propaganda sind die Berge zum Symbol dieser Parole und des Aufbauwillens schlechthin geworden. Das wird besonders deutlich in der weiten Verbreitung der alten, von Mao propagierten Legende von dem «närrischen Alten» Yu Gong, der die Berge versetzte, weil sie ihm den Weg in den Süden versperrten. Es wird aber auch deutlich an dem Modell der chinesischen Landwirtschaft, der Produktionsbrigade Dazhai mit ihren in die Berge gekerbten Terrassenfeldern, wie auch an dem anderen berühmt gewordenen Vorbild: dem in die Felsen hineingehauenen Rote-Fahne-Kanalsystem im Kreis Lin.

Wer denkt schon daran, daß die Einzelregionen, meistens Provinzen, die die Berge so lange und wirkungsvoll gegeneinander abgrenzten, in ihrer Größe und Bevölkerung mit europäischen Nationalstaaten vergleichbar sind, wie es nebenstehende Tabelle veranschaulicht.

Nur wenn man sich die Vielfalt des Alltagslebens in den verschiedenen Ländern Europas vergegenwärtigt, der Essens- und Kleidungsgewohnheiten, der Feste, der Volksmusik, der Dialekte und Sprachen, gewinnt man einen angemessenen Vergleichsmaßstab für die Vielfalt der Einzelregionen Chinas. Und dennoch – wenn wir uns China vorstellen und die dortige Realität zu begreifen versuchen, dann überwiegt trotz dieses Wissens, daß China ein riesiges Land ist mit sehr unterschiedlichen Naturbedingungen und Lokalkulturen, das Gefühl der Homogenität, der Einheit.

Ist das nur eine Frage der Distanz, des europäischen Blickwinkels? Sicher ist das ein Grund. Der Eindruck entsteht aber vor allem angesichts der langen und relativ kontinuierlichen Geschichte Chinas. Nur allzu leicht übersehen wir, daß die uns überlieferte «Einheits»-Kultur des chinesischen Staates die der herrschenden Minderheit war, die numerisch kaum mehr als drei bis fünf Prozent der Gesamtbevölkerung ausmachte, und daß der größte Teil der Bevölkerung, das «Volk» im eigentlichen Sinne mit seinen unterschiedlichen und ungeheuer vielfältigen Lebensformen, außerhalb, oder besser: unterhalb dieser Kultur lebte.

Ein weiterer Grund, in China eher das Einheitliche als das Vielfältige, voneinander Abweichende zu sehen, liegt darin, daß der Außenstehende – heute stärker als früher – ständig mit dem An-

Flächenvergleich zwischen chinesischen Provinzen mit mehrheitlicher Han-Bevölkerung und europäischen Staaten. (nach GERNET)

Chinesische Provinz	km²	Europäische Länder
Sichuan	569 000	
	550 800	Frankreich
	504 900	Spanien
Heilongjiang	463 600	
	449 200	Schweden
Yunnan	436 200	
Gansu	366 000	
	311 700	Polen
	301 100	Italien
	247 900	BRD
Guangdong	231 400	
Guangxi	220 400	
Hunan	210 500	
Hebei	202 700	
Shaanxi	196 750	
Hubei	187 500	
Jilin	187 000	
Guizhou	174 000	
Henan	167 000	
Jiangxi	164 000	
Shanxi	157 100	
Shandong	153 300	
Liaoning	151 000	
Anhui	139 900	
	132 000	Griechenland
	127 800	Tschechoslowakei
Fujian	123 100	
	107 800	DDR
Jiangsu	102 200	
Zhejiang	101 800	
	83 900	Österreich
	41 300	Schweiz
Taiwan	35 960	
	30 560	Belgien

spruch der Einheitlichkeit konfrontiert wird, den die Führung des Staates naturgemäß erhebt, und daß er nur wenig Gelegenheit hat, sich durch die chinesischen Medien und die Art der Reiseorganisation ein Bild von der Un-Einheitlichkeit zu machen.

Nehmen wir das Beispiel der Nationalen Minderheiten und was wir von offizieller chinesischer Seite über sie erfahren: Jeder, der in China reist und sei es auch nur kurz, wird mit ihnen in Berührung kommen – selten direkt, aber sicher indirekt. Besucht er einen chinesischen Kindergarten, so wird er bei der den Besuch beschließenden kleinen Vorführung, die die Kinder ihm zu Ehren geben, sicher einen Tanz in uighurischer, tibetischer oder anderer Tracht vorgeführt bekommen. Bei Filmvorführungen begegnet er den Minderheiten in den Wochenschauen oder in kurzen Dokumentarstreifen, etwa lachenden jungen Koreanerinnen beim Äpfelpflücken, Tibetern um einen alten ehemaligen Leibeigenen geschart, seinen Erzählungen über die bittere Vergangenheit lauschend, oder Barfußärzten in der Mongolei bei der Untersuchung von Schafhirten inmitten der Herde. Fast immer sind einige Chinesen, meist Soldaten der Volksbefreiungsarmee darunter, freundlich zusehend oder freundschaftlich mit Hand anlegend. Auch bei Kulturveranstaltungen wird man Nationale Minderheiten erleben (oder Chinesen, die Minderheiten darstellen) mit ihren speziellen Instrumenten, Trachten und Liedern.

Bei all diesen Begegnungen ist das sich ständig gleichbleibende Element die Hervorhebung des Gemeinsamen, alle chinesischen Staatsbürger Verbindenden. In den Filmen werden die Minderheiten bei den gleichen landwirtschaftlichen Tätigkeiten gezeigt wie die Han-Chinesen. Wenn die Kinder in die Trachten der Nationalen Minderheiten schlüpfen, dann spielen sie als nationale Minderheiten – abgesehen von Ausnahmen – im wesentlichen das, was die chinesischen Kinder spielen. Die Lieder der Uighuren oder Mongolen auf den Kulturveranstaltungen in Schanghai oder Peking besingen meistens wie die chinesischen Lieder das Tiananmen oder den Vorsitzenden Mao (und heute auch seinen Nachfolger Hua), allerdings in der eigenen Sprache.

Die Betonung des Gemeinsamen führt dazu, daß alles, was die Minderheiten von den Han-Chinesen unterscheidet, nicht hervortritt – etwa die besonderen Lebensformen der Hirtenvölker (Qinghai, Mongolei), die vom Nomadismus leben; der Bergvölker im Südwesten, die erst langsam von der Brandrodung auf den Dauerfeldbau umstellen und die zum Teil noch vom Jagen und Sammeln leben – Stämme, die, wie die Chinesen sagen, 1949 noch im Stadium der Urgesellschaft oder der Sklavenhaltergesellschaft gelebt haben und die sich teilweise dazu noch gegenseitig bekriegten und unterjochten. Im Hintergrund bleibt auch das Besondere der verschiedenen religiösen Traditionen der Minderheiten: des Mahayana-Buddhismus, als Lama-Buddhismus von Tibet bis zur

Nationale Minderheiten

China ist, was die verschiedenen ethnischen Gruppen betrifft, ein Asien im kleinen:
Neben den Han, den «eigentlichen» Chinesen, leben in China über 50 verschiedene ethnische Minderheiten. Wenn sie auch zahlenmäßig neben der überwiegenden Mehrheit der Han zurücktreten – es sind etwa 42 bis 50 Millionen, also etwa sechs Prozent der gesamten Bevölkerung –, so bewohnen sie doch eine Fläche, die 60 Prozent des gesamten Territoriums der Volksrepublik ausmacht. Sie leben vor allem im Nordosten, Nordwesten und Südwesten Chinas.

Name	Ethno-linguistische Zugehörigkeit	Provinz	Anzahl (um 1960) in Tausend
Zhuang	Thai	Yunnan Guangdong	7800
Uighuren	Türkisch	Xinjiang, Westliches Gansu	3900
Yi	Tibeto-Birmanisch	Yunnan Guizhou Hunan	3260
Zang	Tibetisch	Tibet Sichuan Qinghai	2770
Miao	Miao/Yao	Südwestl. Provinzen	2680
Mandschuren	Tungusisch	Nordosten Mongolei Peking	2430
Mongolen	Mongolisch	Mongolei Nordosten Gansu Qinghai	1640
Puyi	Thai	Yunnan	1320
Koreaner	Koreanisch	Nordosten	1250

Darüber hinaus gibt es noch unzählige kleinere Gruppen, die vor allem in den Provinzen Sichuan, Yunnan, Guizhou und Guangxi leben.
Diese Übersicht zeigt, daß innerhalb der chinesischen Grenzen Vertreter aller Teile Asiens repräsentiert sind: Westasien – Turkvölker; Nordasien – Vertreter kleiner sibirischer Minderheiten im Nordosten; Ostasien – die Han, Mandschuren und Koreaner; Südasien – die malayo-polynesischen Gao-shan auf Taiwan, die Zhuang als chinesischer Zweig der großen Familie der Thaivölker und andere.
Diese Nationalen Minderheiten belegen anschaulich den Prozeß der anhaltenden Ausbreitung der Han-Chinesen durch den Sieg einer Lebensart, einer Kultur, die sich durch die Kontakte mit entfernten Zivilisationen veränderte und bereicherte.
Einige dieser ethnischen Minderheiten hatten einst eine dominierende Stellung im alten Kaiserreich inne: die Mongolen beherrschten im 13. Jahrhundert neben ganz China auch noch weite Teile Vorder-, Zentral- und Südasiens; die Mandschus stellten die letzte Dynastie. Einige Völker leben inzwischen in eigenen Staaten: die Koreaner, Mongolen, Vietnamesen, Mon-Kmer, Thais und Turkvölker.

Fortsetzung Seite 65

31

33
34
35
Zum Bild des Hafens von Schanghai gehören immer noch traditionelle Dschunken, aber auch Hochseeschiffe, viele davon aus chinesischen Werften.

36 Unten: Der «Bund» in Schanghai mit den charakteristischen Bauten aus der Zeit der Konzessionen.

Oben und 37: Vom Dach dieses Schanghaier Hotels hat man einen guten Blick über die Einmündung des Suzhou-he in den Huangpu sowie den «Bund».

38 Pädagogische Hochschule in Nanjing.

39 Das Mausoleum Sun Yatsens in Nanjing, erbaut 1926–1929.

40
41
Die fast sieben Kilometer lange Yangzi-Brücke bei Nanjing, ohne ausländische Hilfe in der Kulturrevolution erbaut.

42
43
Blick von der Huata-Pagode in Kanton auf die Gedächtnishalle von Sun Yatsen und auf den Zhenhai-Turm, einen Teil der früheren Stadtbefestigung.

44
45
Taoistischer Tempel (Zucimiao) in Foshan, fünfzehn Kilometer südwestlich von Kanton. Der Taoismus, dessen philosophischer Gehalt stark von Laotse beeinflußt wurde, reicht zurück bis ins 3. und 4. vorchristliche Jahrhundert. Die heutige Bedeutung der Tempelanlagen ist jedoch nurmehr in ihrer Funktion als Ausflugsziel zu sehen.

46
47
«Pavillon der chinesisch-koreanischen Freundschaft» und neue Parkanlage im alten Stil:

«Park der Opfer der Erhebung von Kanton» (1927).

48 Versammlungshaus einer Kommune bei Kanton. Die ländlichen Volkskommunen und Brigaden sind zum Teil fast autark – von der Versorgung mit landwirtschaftlichen Erzeugnissen bis zur Wartung der Maschinen, die zum Teil auch in der Kommune hergestellt werden.

49 Die Altstadt von Kanton hat nicht zuletzt durch koloniale Einflüsse ein zum Teil europäisch anmutendes Aussehen.

50
51
Beispiele für den Kolonialstil einerseits und für die eigenständige chinesische Architektur andrerseits im Süden Chinas.

52 «Pavillon der Freundschaft des chinesischen und des sowjetischen Volkes» im «Park der Opfer der Erhebung von Kanton».

53 Gedächtnishalle für Sun Yatsen und Zhenhai-Turm in Kanton.

54 Die Dachkonstruktion einfacher Häuser ist in der Regel als Satteldach ausgebildet, während die typischen Walmdächer Tempeln und Palästen vorbehalten blieben.

55 Pavillon im Baniansee, bei Guilin.

56 Yangshuo, am Unterlauf des Lijiang.

57 Blick über das Stadtgebiet von Guilin. Trotz der schnellen Industrialisierung hat man in Guilin den besonderen Charakter des eigentümlichen Landschaftsbildes bewahrt. Aus-

sichtspunkte sind wieder zugänglich gemacht worden, und neue Hotelbauten sollen mehr Besuchern die Schönheit der Landschaft erschließen.

58 Guilin, am Lijiang gelegen, im Hintergrund der Duxiuhügel.

59 Das Geburtshaus von Mao Tsetung in Shaoshan ist zu einem regelrechten Wallfahrtsort geworden. Es ist ein Bauernhaus, wie es für Hunan typisch ist.

60 Gasse in Jilin – ein beinahe ländlicher Eindruck aus der wichtigen Industriestadt im Nordosten.

61 Bauernhaus in der Provinz Jilin. Links der Schornstein für den im Norden Chinas typischen *kang*, die beheizbare Schlafstelle der Familie.

63
64
Industrielandschaft in Jinan, der Hauptstadt der Küstenprovinz Shandong. Neue Industrieansiedlungen werden nun vermehrt im Landesinneren aufgebaut.

Mongolei reichend, des Islam bei den Uighuren, des Schamanismus und Animismus bei den Stämmen in den südlichen Provinzen (wobei der Schamanismus auch unter den Han im Rahmen der lokalen Kulturen früher eine sehr große Rolle spielte).

China ist in erster Linie ein Agrarland, in dem 70 bis 80 Prozent der Bevölkerung von der Landwirtschaft leben. Eine Produktion aber, die – wie der Ackerbau – unmittelbar von den natürlichen Gegebenheiten abhängt (Boden, Klima, Vegetation, Wasserangebot), wird eine ähnlich große Vielfalt der bäuerlichen Lebensfor-

men mit sich bringen. (Und die findet man, ganz abgesehen von den Nationalen Minderheiten, selbst bei den Han.)

«Frühjahrsbestellung auf dem schneebedeckten Ackerland», Holzschnitt von Chen Yuping.

Wenn von offizieller chinesischer Seite hingegen Angaben über die Landwirtschaft allgemein oder bestimmte landwirtschaftliche Gebiete, über Produktionsergebnisse oder über die Situation der Bauern gemacht werden, dann wird nicht so sehr unter dem Aspekt berichtet, daß Landwirtschaft in China unter sehr verschiedenen Bedingungen betrieben wird, sondern es wird auch hier im wesentlichen das hervorgehoben, was einen gemeinsamen Nenner herzustellen vermag, etwa, daß die Getreideproduktion in bestimmten Regionen um so und so viel gesteigert wurde, daß die Anbaumethoden in dem und dem Gebiet wissenschaftlich verbessert werden konnten, daß das Vorbild Dazhai in 25 Dörfern eines bestimmten Kreises mit Erfolg nachgeahmt worden sei oder daß so und so viele Brigaden unter der Leitung der armen und unteren Mittelbauern eine politische Abendschule eingerichtet haben. Die unterschiedlich entwickelten Produktivkräfte – ob das Feld mit einem von Menschen gezogenen hölzernen Pflug oder einem Traktor gepflügt, ob das Getreide mit Granitsteinen von Hand oder mit einer elektrischen Mühle gemahlen wird –, die verkehrstechnische Erschließung, die Stadtnähe oder Stadtferne, all das, was extrem unterschiedliche Auswirkungen auf die gesamte sozio-ökonomische Struktur einer Region hat, bleibt im allgemeinen unerwähnt.

Und genau diese verschiedenartigen Naturbedingungen und unterschiedlichen Entwicklungsstufen sind für China gegeben. Hinzu kommt ein jeweils verschiedenartiges kulturelles Erbe, das sich aufgrund der relativen Autonomie der einzelnen Regionen im Laufe der Geschichte herausgebildet und gefestigt hat.

Schon wenn man das chinesische Bauernhaus in seinen verschiedenen Ausprägungen betrachtet als Manifestation eines bestimmten Verhältnisses der bäuerlichen Familie zu ihrer natürlichen und gesellschaftlichen Umwelt, so findet man darin ein Beispiel für die genannte Vielfalt und Eigenständigkeit: Bauernhäuser inmitten eines ummauerten Hofs, einzeln oder mit Anbauten für die verschiedenen Generationen oder mehrere für sich stehende Häuser nicht verwandter Familien innerhalb eines Hofs; Häuser, die groß und geräumig sind, weil man sich einen langen Winter darin auf-

«Sanitätstrupp in einem Dorf der Li-Minorität», Holzschnitt von Wei Zhiren.

66

«Überall ist der Schauplatz der Kritik», Holzschnitt von Cilan, Zhang Zhouying und Qiu Xikun. Auf Wandzeitungen werden die aktuellen Ereignisse diskutiert und kritisiert. Das Bild zeigt aber auch die typische Bauweise in neueren Siedlungen.

halten muß (Mandschurei), oder solche mit nur sehr engen Innenräumen, dafür aber vielen offenen Innenhöfen für den heißen Sommer; Behausungen, die höhlenartig unter der Erde um schachtartige Lichthöfe liegen oder in die Berge hineingebaut sind (Löß- oder Steinhöhlen in den Provinzen Henan, Hebei, Shanxi, Shaanxi); Bauernhäuser, die so eng beieinander stehen, ineinander verschachtelt sind, daß das Dorf wie ein einziger Hauskomplex wirkt (Guangdong); Langhäuser oder Rundhäuser um einen zentralen Platz, die ein halbes Dorf beherbergen (zum Beispiel bei den Hakka in Guangdong). Hinzu kommen noch jene «modernen», an städtisches Bauen angepaßten Bauernhäuser (in der Nähe der großen Städte) aus Betonfertigteilen, dennoch dem in dieser Gegend traditionellen Stil nachempfunden. Schließlich sind auch heute noch die Clandörfer im Süden mit ihren alten Befestigungen bewohnt – Schutzwällen im Kampf gegen feindliche Clans. (Solche Fehden zwischen verschiedenen Sippen gibt es auch heute noch, besonders wenn alle Bewohner eines Dorfes nur zu einer oder zwei Sippen gehören: zum Beispiel wenn innerhalb einer Verwaltungseinheit eine von zwei Familien den wichtigeren Kaderposten besetzen konnte). In den Bauernhäusern spiegelt sich Armut oder Wohlstand der Bewohner, Gunst oder Ungunst der Arbeitsbedingungen: Bei einer Bahnfahrt von Peking nach Schanghai oder nach Kanton begegnen einem sowohl prächtige Steinhäuser mit Ziegeldächern, schön geschnitzten Fensterrahmen und verzierten Torbögen zum Hofeingang als auch ärmliche schmucklose Lehmhäuser, mit Stroh gedeckt, die ein mittleres Unwetter schon schwer beeinträchtigt.

Auch die immer noch sehr geringe Mobilität, charakteristisch für Agrargesellschaften, ist Ausdruck differenzierter regionaler Vielfalt, beziehungsweise sorgt für ihr Weiterbestehen. Beim Besuch einer Bauernfamilie nicht weit von Peking fragten wir einmal, wieviel die einzelnen Familienmitglieder verdienten. Aus der Antwort konnten wir entnehmen, daß das Einkommen überdurchschnittlich hoch war, nur eine Schwägerin bekam ziemlich wenig. Sie sei keine Einheimische und mit der Arbeit in diesem Dorf deshalb nicht so vertraut, antwortete man auf unsere Frage, warum sie so wenig verdiene. Aus welcher anderen Provinz sie stamme, wollten wir wissen. Andere Provinz? – Sie kam aus dem Nachbardorf. Ein andermal fragten wir einen älteren Bauern in einem ungefähr 30 Kilometer von Peking entfernt gelegenen Dorf, wie oft er in den letzten Jahren in Peking gewesen sei. Keinmal, war die Antwort. Und eine Studentin an einer Pekinger Universität erzählte einmal, daß sie während ihres ganzen Studiums kein einziges Mal den Campus verlassen hatte. Sie hatte Angst vor dem Busfahren, weil es ihr, als sie von ihrem Heimatdorf mit dem Bus nach Peking gekommen war, während der Fahrt schlecht geworden war.

Selbst die Städter sind zum Teil von einer erstaunlichen Immobilität. Ein Kollege, der uns als Dolmetscher in den Nordosten begleitete, ermahnte uns in der Stadt Shenyang, nicht allein das Hotel zu verlassen. Nicht, weil er uns etwas vorenthalten wollte, sondern weil er es für sich selbst als völlig abwegig ansah, allein die Stadt zu erforschen, die er nicht kannte. Er entfernte sich nur in Begleitung von Genossen aus dem lokalen Reisebüro vom Hotel.

Eine andere Kollegin, die mit uns nach Kanton fuhr, fühlte sich dort sehr unwohl. Sie vertrug das Essen nicht – der Reis war anders als gewohnt zubereitet und einige Speisen zu ölig –, sie litt unter der feuchten Hitze, verstand die Sprache nicht (Kantonesisch) und fand das Stadtleben in Kanton zu hektisch.

Was man auch immer über China sagt oder schreibt, man wird ständig durch neue Informationen über andere Regionen und Ereignisse widerlegt. Berichtet man über das Gesundheitswesen, etwa von den gründlichen Voruntersuchungen oder von den Möglichkeiten für jede Frau, Verhütungsmittel zu nehmen, oder abzutreiben, so hört man anderseits aus dem Dorf XY, daß viele Bauern nicht bereit sind, ihren einen Yuan Jahresbeitrag für die genossenschaftlich organisierte medizinische Versorgung, die auch Vorsorgemaßnahmen mit einbezieht, zu entrichten, oder aus einem anderen Dorf, daß es ganz abgesehen von den Vorsorgemaßnahmen mit der medizinischen Versorgung insgesamt noch sehr schlecht bestellt ist. Oder man erfährt aus einem Interview mit Zhou Enlai, daß – einer alten Sitte entsprechend – sich die Frauen in bestimmten Gegenden von Shanxi, wenn sie ein Kind geboren haben, geschwächt nach der Geburt wie sie sind, stundenlang auf den Kang setzen müssen und keine nahrhaften Speisen zu sich nehmen dürfen.

Auf der einen Seite begegnet einem auf dem Land die nüchterne Erwägung, daß es sinnvoller ist, die Häuser zweigeschossig zu bauen, um so wenig wie möglich von der landwirtschaftlichen Nutzfläche zu verlieren. Auf der anderen Seite erfährt man von Dörfern, in denen Bauern selbst beim Bau neuer Häuser noch die alte geomantische Regel beachten, daß der Fußboden des Hauses tiefer liegen sollte als der umgebende Boden, damit das Glück, wenn es sich einmal wie eine Kugel ins Haus verirrt hat, nicht wieder hinausrollen kann.

Hört man in einem Dorf, daß das jährliche Einkommen pro Kopf noch weit unter hundert Yuan liegt, so erfährt man in einem anderen, daß die gleiche Summe das durchschnittliche Monatseinkommen bedeutet.

Diese unglaubliche Vielfalt, das ständige Nebeneinander von Ungleichem ist eher die Regel als jene Einheitlichkeit oder Gleichschaltung, die manche auf der Suche nach dem Gegenbild zu unserer Gesellschaft immer wieder in China wahrzunehmen vermeinen.

China – ein Land der Dritten Welt

Die Bewertung Chinas ist bedingt durch die Optik des Betrachters. Viele europäische Besucher, die nach China kommen, sind zunächst enttäuscht. Alles in China wirkt ärmlicher, als sie es sich vorgestellt haben. Die Lebensbedingungen scheinen spartanisch und generell von Mangel geprägt: Lebensmittel- und Industriemarken schränken den freien Einkauf bestimmter Produkte ein, beim Gemüsestand muß man Schlange stehen, die städtischen Busse sind voll, harte körperliche Arbeit ist eher die Regel als die Ausnahme und mit Energie wird sparsam gewirtschaftet. Die Häuser in den Straßen der großen Städte sehen verwohnt und manchmal heruntergekommen aus, die Wohnungen sind äußerst sparsam möbliert. Auf zwanzig Quadratmeter Zimmerfläche wohnen vier Personen und mehr, der Fußboden der Bauernhäuser besteht nicht selten noch aus gestampftem Lehm, die Kleidung wirkt eintönig und ist häufig an vielen Stellen geflickt. Diese Erfahrung steht für Besucher aus dem «Westen» im Widerspruch zu der Tatsache, daß China in der Lage war, eine eigene nukleare Rüstung aufzubauen, daß es Satelliten in den Weltraum schickt, modernste Computer baut und selber Entwicklungshilfe leistet. Ein Europäer wird sich in manchem vielleicht zurückversetzt fühlen in die Hungerjahre des letzten Krieges und der Nachkriegszeit. Seine hohen Erwartungen machen in jedem Fall einer deutlichen Ernüchterung Platz.

Ganz anders wird sich China demjenigen darstellen, der vorher die Lebensbedingungen auf dem Land und in den Städten Afrikas, Lateinamerikas und Vorder- und Südasiens kennengelernt hat. Wo er in China auch hinkommt, er sieht keine Bettler in den Straßen, keinen Schmutz, keine offenen Kloaken, keine räudigen Hunde, keine Fliegen, keine Kinder, die für ein paar Groschen am Tag Schuhe putzen oder Zeitungen verkaufen, keine offene Prostitution, keine Slums. Nach der Erfahrung der Arbeitslosigkeit, Unwissenheit, Krankheit, der offenen Anwendung physischer Gewalt, den scharfen Widersprüchen zwischen arm und reich, der Unfähigkeit und Korruptheit der Staatsvertreter in vielen Ländern der Dritten Welt (Ausnahmen gibt es natürlich), fühlt er sich in China beinahe auf einem anderen Planeten, denn all das, was er an Elend und sozialer Ungerechtigkeit mit Dritter Welt assoziert, scheint es hier nicht zu geben. Und diese positive Erfahrung ist so vorherrschend, daß die Armut und der Mangel daneben als sekundär erscheinen.

Für eine Bewertung dessen, was im Rahmen der Revolution in China erreicht wurde, und was sie dem einzelnen Chinesen an Entfaltungsmöglichkeiten und an Einschränkungen gebracht hat, sind offensichtlich die anderen Gesellschaften der Dritten Welt ein Maßstab, der angemessener ist als der Vergleich mit den Industriegesellschaften. Er ist auch deshalb angebracht, weil sich China selbst immer wieder als ein Land der Dritten Welt bezeichnet und außenpolitisch als Fürsprecher für die Interessen der Dritte-Welt-Nationen auftritt. Diesen Ansatz zu verfolgen scheint uns wichtig, gerade wenn man sich in der Diskussion über China die Frage beantworten möchte, ob das «chinesische Modell» die beste Strategie und einzige Alternative für die Entwicklung der armen Länder der Welt ist, und wenn man an die etwas «schiefe» Kontroverse denkt, in der, überspitzt formuliert, die Positionen lauten: In einem Land, in dem Hunger herrscht, ist nicht die Freiheit das wichtigste Gut, sondern das Brot; oder: lieber in Freiheit sterben als unter Zwang sein Brot essen. (Eine schiefe Kontroverse deshalb, weil die Freiheit von Hunger, von Arbeitslosigkeit, Unbildung, Krankheit die elementarsten «Freiheiten» sind.)

Dennoch ist zunächst zu fragen, inwieweit die Zuordnung zur Dritten Welt gerechtfertigt ist, wo China doch auf den ersten Blick mit dem, was wir mit «Dritter Welt» verbinden, offensichtlich vieles nicht gemein hat.

Versucht man die Zugehörigkeit eines Landes zur «Dritten Welt» zu bestimmen, das heißt festzustellen, ob es ein «Entwicklungsland» ist oder nicht, bedient man sich meistens verschiedener «Indikatoren» wie Pro-Kopf-Einkommen, Analphabetenrate, Lebenserwartung, Anteile der Erwerbstätigen in Landwirtschaft und Industrie, Ausmaß der Verstädterung, Außenhandelsstruktur usw. Wenn man berücksichtigt, daß es immer einige Entwicklungsländer gibt, die mit bestimmten Indikatorwerten völlig außerhalb der Normen liegen, wird man sicher bei einem solchen Indikatorenvergleich zu dem Ergebnis kommen, daß China eindeutig als Land der Dritten Welt zu bewerten ist. Doch erlaubt uns dieser Vergleich keine Aussage über das Entwicklungspotential und die Dynamik eines Entwicklungslandes. Um hier zu einer genaueren Aussage zu kommen, ist eine historisch-politische Charakterisierung sinnvoller. Sie müßte hervorheben, daß der wesentliche Unterschied zwischen Entwicklungsländern und Industriestaaten in der Rückständigkeit bei der Industrialisierung besteht: Solange den Entwicklungsländern die Einleitung einer eigenständigen Industrialisierung nicht gelungen ist, befinden sie sich in einem Abhängigkeitsverhältnis zu den Metropolen, das sich aus den niedrigen Rohstoff- und Agrarpreisen auf dem Weltmarkt und den steigenden Preisen für Industrieprodukte ergibt. Die formale politische Unabhängigkeit allein bietet noch keine Grundlage für die Befreiung aus den Fesseln, die sich aus dieser benachteiligenden Einbindung in das System weltweiter Arbeitsteilung ergeben.

China teilte das Schicksal aller nicht-industrialisierten Länder, Objekt kolonialer und imperialistischer Interessen zu sein, doch hat es inzwischen die Bedingungen für einen selbständigen Industrialisierungsprozeß schaffen können. Wie immer man die heutigen innenpolitischen Verhältnisse beurteilen mag – eine Überwindung materieller Rückständigkeit scheint absehbar. In diesem Punkt unterscheidet es sich grundsätzlich von anderen Ländern der Dritten Welt.

Um diese Bedingungen in ihrer Bedeutung richtig einschätzen zu können, genügt es nicht, nur auf die ökonomische Entwicklung seit Gründung der Volksrepublik China einzugehen, sondern man muß sich auch die Verhältnisse vor der Befreiung vergegenwärtigen, denn gerade die Verhältnisse in China vor 1949 ermöglichen den Vergleich mit den Ländern der Dritten Welt heute und ihren Problemen, bzw. erlauben eine Bewertung des Weges, den die Volksrepublik bisher zurückgelegt hat.

Die inneren und äußeren Ursachen der Revolution

Die letzte chinesische Kaiserdynastie – die Mandschus oder Qing, vom Nordosten her eingedrungene Fremdherrscher – war nicht in der Lage, des beginnenden Verfalls und der Auflösungstendenzen Herr zu werden, die bereits zu Beginn des 19. Jahrhunderts in Erscheinung traten und mit der Taiping-Revolution (1850 bis 1864), einem sich schnell über die südliche Hälfte des chinesischen Reiches ausbreitenden Bauernaufstand, alarmierende Zeichen setzten.

Anders als in Europa, wo die Uneinigkeit der Feudalmacht (Krone, Adel, Kirche) die Entwicklung und Durchsetzung bürgerlich-kapitalistischer Verhältnisse erleichterte und überhaupt ermöglichte, gab es zwischen dem Kaiserhaus und anderen Gruppen in China keine prinzipielle Opposition (abgesehen von den Bauern natürlich), die zu neuen Klassen- und Produktionsverhältnissen hätte führen können. Das kaiserlich-bürokratische System konnte deshalb in relativ unveränderter Form fast 2000 Jahre bestehen.

Dekadenzerscheinungen innerhalb des mandschurischen Kaiserhauses und die Tatsache, daß die Zentralmacht sich veränderten historischen Bedingungen nicht anpassen konnte, waren schuld an ihrem Niedergang. Diese Veränderungen ergaben sich vor allem aus dem enormen Anstieg der Bevölkerung (vom Beginn der Qing-Dynastie im 17. Jahrhundert bis zur Mitte des 19. Jahrhunderts hatte sie sich mehr als verdoppelt), der mit zu der immer größer werdenden Verelendung der Massen beitrug, was wiederum zu einer verstärkten Bereitschaft zu Rebellion und Aufständen führte; und sie ergaben sich aus dem immer aggressiveren Auftreten der Kolonialmächte. Die Zentralmacht brauchte, um der Rebellion im Innern und der Bedrohung von seiten der Kolonialmächte Herr zu werden, größere finanzielle Mittel in Form von Steuereinkommen. Da aus den Bauern nicht mehr herauszupressen war, als es schon geschah, hätte sich das Kaiserhaus ein höheres Einkommen durch höhere Steuern aus der Förderung von Handel und Industrie erwirtschaften können. Doch diese Förderung hätte wiederum die Privilegien des Beamtenapparates und der Grundherren eingeschränkt. Auch eine stärkere Kontrolle der Korruption – die Beamten steckten einen großen Teil der der Regierung zugedachten Einkünfte in die eigene Tasche – hätte sich gegen den eigenen Apparat richten müssen, aus dem die Regierung sich ja selbst rekrutierte.

Ein Mittel zur Deckung der größeren finanziellen Bedürfnisse der Regierung wurde so zunehmend der Verkauf und Kauf von Ämtern. (Die kaiserlichen Prüfungen, vormals absolute Vorbedingung, um Beamter zu werden, verloren daher an Bedeutung und wurden 1906 offiziell abgeschafft.) Diejenigen, die die Ämter kauften, mußten möglichst schnell das Geld, das sie meistens für den Kauf geliehen hatten, aus dem neuen Amt wieder herauswirtschaften. Damit trat genau das Gegenteil dessen ein, was zu einer Stärkung des Kaiserhauses geführt hätte.

Je weiter die Macht der Zentralregierung zurückging, desto mehr nahm die lokale Beamtenschaft und Grundherrenklasse die Angelegenheiten selbst in die Hand. Die Kontrolle über den Einzug der Steuern entglitt der kaiserlichen Regierung immer mehr und wurde eine Domäne der regionalen Behörden und das Fundament für den Ausbau ihrer Macht.

Das Ende der Mandschu-Dynastie 1911 und die Ausrufung der Republik 1912 brachten deshalb keine allzugroßen Veränderungen, sondern besiegelten nur das, was im Grunde schon längst die Realität war, nämlich daß die Macht in die Hände örtlicher Despoten, der sogenannten Militärmachthaber (Warlords), übergegangen war, die sich dank ihrer militärischen Stärke bis 1927 und in manchen Provinzen noch lange darüber hinaus halten konnten und unter deren Knute die Bevölkerung noch mehr zu leiden hatte als unter einer intakten kaiserlichen Regierung.

Die Lage auf dem Land

China war (und ist) ein Agrarland. Daher bestimmten die Art der landwirtschaftlichen Produktion und die Landbesitzverhältnisse im wesentlichen das Leben der Bevölkerung. Einer relativ kleinen

Hunger

«Wie viele Menschen in diesen Jahren (1927–29, die Autoren) verhungerten, weiß ich nicht genau, und wahrscheinlich wird man es auch nie wissen; heute ist es vergessen. Ihre Zahl wird oft mit 3 000 000 angegeben, eine konservative halboffizielle Schätzung; aber ich denke nicht daran, andere Schätzungen zu bezweifeln, die bis 6 000 000 reichen. Die Katastrophe ging, kaum bemerkt von der westlichen Welt und sogar von den Küstenstädten Chinas, vorbei...»
«Aber (diese Begegnung mit dem Hungertod, d. A.) war am Ende doch nicht das Schockierendste. Was wirklich schockierte, waren die immer noch reichen Leute in vielen dieser Städte, Leute, die Reis und Weizen horteten, Geldverleiher und Grundbesitzer, die sich bewaffnete Schutztruppen zu ihrer Verteidigung hielten, während sie enorme Profite machten. Wirklich schockierte, daß es in den Städten – wo die Beamten tanzten oder mit Sing-song-Mädchen spielten – Getreide und Nahrung gab und seit Monaten gegeben hatte; daß es in Peking und Tientsin und an anderen Orten Tausende Tonnen Weizen und Hirse gab, die von der Hungersnotkommission meistens als Spenden aus dem Ausland gesammelt worden waren, aber nicht zu den Verhungernden transportiert werden konnten. Warum nicht? Weil im Nordwesten einige Militärmachthaber saßen, die alles rollende Material auf ihren Eisenbahnen festhielten... während im Osten andere Guomindang-Generäle saßen, die kein rollendes Material westwärts schickten – nicht einmal zu Verhungernden –, weil sie fürchteten, es würde von ihren Rivalen beschlagnahmt.»

EDGAR SNOW, «Roter Stern über China», 1938, dt. Ausgabe, S. 283 f.

73

Gruppe von Großgrundbesitzern und reichen Bauern stand mit wachsender Bevölkerung eine wachsende Zahl von armen Bauern gegenüber, die, wenn ihr eigener Grund und Boden zum Leben nicht mehr ausreichte, von den Grundbesitzern Land pachten mußten. Die durch den bereits erwähnten Bevölkerungsdruck zunehmende Konkurrenz landarmer und landloser Bauern um die Nutzung des Bodens verschärfte die Pachtbedingungen derart, daß die Abgaben vielerorts zwischen 40 und 70 Prozent der Erträge ausmachten.

Die Grundbesitzer, die selbst nicht arbeiteten, nutzten in der Regel die in Form von Getreide bezahlte Pacht zu Getreidespekulationen und Saatgut- wie Nahrungsmitteldarlehen zu hohen Zinsen. Wenn die Pächter nicht in der Lage waren, etwa aufgrund schlechter Ernten, die Pacht zu bezahlen, mußten sie die fehlende Produktenmenge entweder auf dem Markt kaufen oder leihen, bzw. Darlehen aufnehmen. Da sie ihren Gläubigern völlig ausgeliefert waren, konnten diese willkürlich Höhe und Modalitäten der Zinsen festsetzen. Sehr oft geschah es, daß die Pächter (und Landarbeiter) zu einem Zeitpunkt Getreide leihen mußten, sei es für die Aussaat, sei es für den eigenen Konsum, wo es sehr teuer war, nämlich vor der Ernte, und es erst nach der Ernte zurückzahlen konn-

«Flüchtlinge», Holzschnitt von Li Hua, um 1940.

ten, wenn die Preise aufgrund des großen Angebots extrem niedrig waren. Die Folge war, daß die immer tiefere Verschuldung viele Bauern und Pächter dazu zwang, ihr weniges eigenes Land zu verpfänden oder zu verkaufen, ja sogar Frau und Kinder und schließlich ihre Heimat zu verlassen.

Hand in Hand mit der Pacht stiegen die Steuern, die die Bauern an die Zentralregierung abzuführen hatten. Die Kriegsentschädigungen und Kredittilgungen, die die chinesische Regierung an die ausländischen Mächte zu zahlen hatte, wurden auf die Landbevölkerung abgewälzt; später waren es die Militärmachthaber, die Steuern für den Sold ihrer Armeen eintrieben. Bei der Grundsteuer blieb es nicht, unzählige Zusatzsteuern kamen hinzu.

So mußten zum Beispiel die Bauern in der Provinz Zhejiang während der Jahre 1928 bis 1933 folgende Zusatzsteuern zahlen: Steuern für Straßenbau und Wasserbauprojekte, für die Landwirtschaftsbank und für öffentliche Fonds, für die Finanzierung der Kreisverwaltung, der lokalen Selbstverwaltung sowie der Polizei, für Insektenbekämpfung, für die Armenunterstützung und die Wohlfahrt, für die Anschaffung von Flugzeugen und die Unterstützung einer «Friedensarmee», für die Durchführung der Bodenvermessung und für die Festsetzung der Grundsteuer. Diese Zusatzsteuern wurden unter der Regierung Tschiang Kaischeks erhoben. Wie es in den letzten Jahrzehnten aussah, als die kaiserliche Regierung noch an der Macht war, ist in der Eingabe (1852) von Zeng Guofan nachzulesen – einem hohen kaiserlichen Beamten, der die Taiping-Revolution niederwarf –, mit der er sich an den Kaiser wandte.

«Der reiche Grundbesitz hatte seinen Ursprung in der Bürokratie und brauchte die Bürokratie, um existieren zu können» (B. Moore). Die Interessen der Grundbesitzer, insbesondere der Einzug der Pachten, wurden durch die kaiserlichen Beamten gewährleistet. Da die Grundherren in der Lage waren, einen oder mehrere aus ihrer Familie jene akademische Bildung erwerben zu lassen, die erforderlich war, um die kaiserlichen Prüfungen zu bestehen und Beamter zu werden, wurden die gemeinsamen Interessen von Grundbesitz und Bürokratie gestärkt und das materielle Wohlergehen der Grundbesitzer gefördert. Als kaiserlicher Beamter war es wiederum leicht, durch Korruption ein Vermögen anzuhäufen, und die sicherste und beste Anlage dieses Vermögens war der Grundbesitz. Akademisch gebildete Beamte und Grundbesitzer, die eigentliche Oberschicht, auch «Gentry» genannt, waren gerade aufgrund der Tatsache, daß sie eine so enge Symbiose bildeten, lange Zeit mächtig genug, den Aufstieg einer bürgerlichen Klasse zu verhindern.

Lebenswichtig für die Sicherung der bestehenden Verhältnisse war eine starke Regierung, die die Ordnung aufrechterhielt und die vor allem dafür sorgte, daß die Ausbeutung der Bauern nicht

Steuereintreibung im 19. Jahrhundert

«Die Kreis- und Distriktpräfekten erschöpfen ihre ganze Kraft, um auf Zahlung der Steuern zu drängen. Weil sie fürchten, daß nicht bezahlt wird, beordern sie häufig Angestellte zu ihrer Unterstützung und senden subalterne Beamte und Amtsdiener überallhin aus. Tag und Nacht verfolgen und drängen diese mit Peitschen und Stockschlägen (die säumigen Steuerzahler). Überall in den Gerichtssälen ist das Blut und Fleisch (der wegen Steuerschulden vor Gericht Gestellten) wild durcheinander (auf dem Boden) ausgespritzt. Sind das etwa nur Aktionen grausamer Beamter? Nein! Denn handeln sie nicht so, müssen sie, wenn bei der Feststellung ihrer Leistung noch nicht einmal 70 Prozent (des geforderten Betrags) erreicht sind, eine Anklage befürchten, bei der sie für den Fehlbetrag aufkommen müssen, was ihnen Zehntausende kostet und noch ihren Söhnen und Enkeln Sorge bereitet.»

Auszug aus der Eingabe des Ministers ZENG GUOFAN an den Kaiser 1852. Übertragung von WOLFGANG FRANKE, in: «Das Jahrhundert der chinesischen Revolution», S. 42

so extrem wurde, daß sie sich Banden anschlossen oder gar an Aufständen beteiligten.

Die Bedeutung der Industrie

Sowenig wie die Grundbesitzer ein Interesse daran hatten, die landwirtschaftliche Produktion zu rationalisieren und damit effektiver zu gestalten (wozu sie aufgrund der Bodenkonzentration in ihrer Hand in einigen Teilen des Landes in der Lage gewesen wären), weil die Zersplitterung in viele kleine Pachtwirtschaften ihnen besser ein sicheres und aufgrund der Landnachfrage sich ständig erhöhendes Einkommen garantierte, als irgendwelche Veränderungen es ihnen versprechen konnten, sowenig waren die kaiserlichen Beamten daran interessiert, daß sich mit der Entwicklung von Handel und Industrie eine neue Klasse herausbildete, die ohne die mühselig erworbene klassische Bildung sich Ansehen und Macht verschaffte.

Die Notwendigkeit des Aufbaus einer eigenen Industrie entstand für die kaiserliche Regierung erst, als sie sich dem Diktat der ausländischen Kanonenboote beugen mußte.

Als Lin Zexü, ein hoher Beamter der chinesischen Regierung, 1839 mehr als 20000 Kisten Opium im Kantoner Hafen beschlagnahmen und vernichten ließ, kaum wissend, daß er damit den Eckpfeiler des gesamten britischen China-Handels ansägte – England konnte nur mit dem Opium, das es in seiner Kolonie Indien anbauen ließ, den Bezug von Tee, Seide, Porzellan usw. bezahlen, da China keiner englischen Waren bedurfte –, antwortete England darauf mit der Besetzung Kantons und anderer Häfen sowie der Blockierung der Yangzi-Mündung. Dieser sogenannte Opiumkrieg (1839 bis 1842) endete mit dem ersten jener «Ungleichen Verträge», die die Chinesen im weiteren Verlauf des 19. und beginnenden 20. Jahrhunderts zu einem Zugeständnis nach dem andern zwangen. Ungleich waren die Verträge nicht nur, weil sie mit kriegerischen Mitteln erzwungen wurden, sondern weil sie die Struktur der chinesischen Außenhandelsbeziehungen festlegten, die wiederum die Industrialisierungsansätze bestimmen sollten. Im Falle des Opiumkrieges mußte die chinesische Regierung im Vertrag von Nanking England die Öffnung von fünf Häfen zum Handel zugestehen.

Ende des 19. Jahrhunderts war die Zahl der «Vertragshäfen» auf über 35 gestiegen, gab es englische, französische, russische, deutsche, österreichische, italienische und belgische Konzessionen und Niederlassungen, seit Ende der neunziger Jahre auch noch japanische. Die Ausländer befanden sich außerhalb der chinesischen Jurisdiktion; ausländische Streitkräfte standen auf chinesischem Boden, und jede militärische Niederlage zwang die Chinesen zu hohen Kriegsentschädigungen. Ab 1854 war die Zollverwaltung, die ausländische Importe betraf, weitgehend in den Händen der Kolonialmächte.

So unternahm die Mandschu-Dynastie in den sechziger Jahren erste zaghafte Ansätze zum Aufbau einer eigenen Rüstungsindustrie, der mit der Zeit eine gewisse Zahl von Zulieferbetrieben folgten, blieb aber unentschlossener als die neue japanische kaiserliche Regierung, die ja erfolgreich ohne ausländischen Eingriff die Industrialisierung Japans durch weitreichende Reformen einleitete. Für eine systematische Industrialisierung waren die Widerstände innerhalb der chinesischen Bürokratie zu groß. So verlief sie unkoordiniert und im Interesse des ausländischen Kapitals, nachdem die chinesische Regierung 1895 (Niederlage im Krieg mit Japan) die Einrichtung ausländischer Fabriken mit importierten Maschinen auf chinesischem Boden gestatten mußte.

Chinas von den ausländischen Mächten zudiktierte Rolle innerhalb der Weltwirtschaft war primär die eines «halbkolonialen» Absatzmarktes. Ein wirksamer Zollschutz des inneren Marktes fehlte, die Exporte – der weitaus größte Teil davon und fast der ganze Import wurde von ausländischen Handelsfirmen abgewickelt – bestanden hauptsächlich aus Rohstoffen und Nahrungsmitteln.

Ende des 19. und Anfang des 20. Jahrhunderts wurde China für die westlichen Mächte immer wichtiger als Objekt des Kapitalexports. Ein großer Prozentsatz des Kapitals galt Direktinvestitionen, der Rest Anleihen, die die chinesische Regierung aufnehmen mußte, um die Schulden der von den Ausländern vorfinanzierten Eisenbahnprojekte und die Kriegsentschädigungen (vor allem aus dem Boxeraufstand) bezahlen zu können.

Die Herausbildung einer chinesischen Industrieproduktion nahm erst während des ersten Weltkriegs ihren großen Aufschwung, als die Exporte der in den Krieg verwickelten imperialistischen Mächte zurückgingen. Neben den ausländischen Betrieben entstanden zunehmend chinesische, neben der Kompradoren-Bourgeoisie (die von der Kooperation mit den Ausländern lebte) begann sich eine nationale Bourgeoisie zu entwickeln.

Bergarbeiter vor der Revolution, Plastik aus dem Neuen China.

Die Lage der Arbeiter

Die Zahl der Arbeiter war in der zweiten Hälfte des 19. Jahrhunderts noch verschwindend gering, selbst 1919 machten sie noch nicht einmal ein halbes Prozent der damaligen Bevölkerung Chinas aus. Da die industrielle Entwicklung jedoch auf einige wenige geographisch günstig gelegene Regionen beschränkt blieb, war die Konzentration der Arbeiter in diesen Gebieten relativ groß (in Schanghai machten die Industriearbeiter Anfang der zwanziger

Jahre fünfzehn Prozent der Bevölkerung aus). Die Arbeits- und Lebensbedingungen für die Masse der chinesischen Industriearbeiter waren denkbar schlecht. Zwölf Stunden Arbeit pro Tag war der Durchschnitt, einen wöchentlichen Ruhetag gab es nicht, nur einige traditionelle Feste waren arbeitsfrei; Frauen- und Kinderarbeit zu den unmenschlichsten Bedingungen nahmen zu, da die Löhne der Familienväter nicht ausreichten und die Unternehmer Frauen und Kinder, die noch um einiges billiger waren als männliche Arbeitskräfte, bevorzugten. Mußten die Arbeiter ihrer Arbeit aus Krankheitsgründen fernbleiben – und wie sollte man unter diesen unmenschlichen Bedingungen nicht krank werden? – oder weil sie durch Arbeitsunfälle zu Krüppeln geworden waren, wurde kein Lohn weitergezahlt.

Das vorherrschende System zur Einstellung von Arbeitskräften war das der Kontraktarbeit. Dabei trat ein vom Unternehmer eingeschalteter Vermittler in Aktion, der die Arbeitskräfte anwarb und Fragen wie Lohn, Unterbringung usw. regelte.

Eine Form dieses Systems war die, daß der angeworbene Arbeiter sich verpflichtete, für die vermittelte Arbeit, Unterkunft und Verpflegung eine bestimmte Summe an den Kontrakteur zu entrichten. Diese Summe war oft so hoch, daß der Arbeiter nur sehr wenig oder gar nichts von seinem Lohn in die Hand bekam oder dem Kontrakteur sogar noch etwas schuldig bleiben mußte. Die Arbeitsanwerbung konnte auch so aussehen, daß der Kontrakteur aufs Land zog und mit der Familie eines Jugendlichen einen Vertrag abschloß, in dem er sich verpflichtete, für Arbeit, Unterkunft und Verpflegung zu sorgen, und die einmalige Zahlung einer bestimmten Geldsumme an die Familie leistete. Der jugendliche Arbeiter hatte dann für die nächsten drei Jahre keinen weiteren Anspruch auf Lohn, denn der wanderte in die Taschen des Kontrakteurs. Die Unternehmer traten für die Arbeiter nicht in Erscheinung, die erlittene Ausbeutung personifizierte sich für sie in den Kontrakteuren, unter deren totaler Kontrolle sie sich nicht nur während der Arbeit befanden, sondern auch in ihrer freien Zeit, da sie oft in bewachten Unterkünften lebten.

Mit Beginn der zwanziger Jahre entwickelte sich als Antwort auf diese Unterdrückung eine moderne Arbeiterbewegung in Form von Gewerkschaftsorganisationen mit einer Serie äußerst wirksamer Streiks. In vielen ging es inhaltlich um Lohnverbesserungen, Arbeitszeitverkürzungen, Arbeitserleichterungen, um Mitspracherecht bei Einstellungen und Entlassungen, um die Erlaubnis zur Gründung von Arbeiterclubs und Gewerkschaften, aber ihr Ausgangspunkt war oft der Protest gegen bestimmte Maßnahmen der Kolonialmächte.

Politisch am bedeutsamsten war der fünfzehnmonatige Streik von Hong Kong und Kanton, von Juni 1925 bis Oktober 1926, der auf alle Küstenstädte übergriff. Er ging zurück auf den Protest gegen die Erschießung von Chinesen durch ausländische Polizei in Schanghai. Zu diesem Streik kam ein Boykott aller britischen Waren, der auch von allen Kaufleuten unterstützt wurde. Es war also eine umfassende nationale, antiimperialistische Demonstration, getragen von einem breiten Bündnis zwischen Arbeitern, Intelligenz und nationaler Bourgeoisie.

Nach dem Sturz der Dynastie

Die ökonomische und politische Lage in China verschlechterte sich in den dem Sturz der kaiserlichen Dynastie folgenden Jahrzehnten immer mehr. Eine staatliche Einheit bestand nicht mehr. Die von Sun Yatsen gegründete Guomindang (Nationale Volkspartei), die Anfang der zwanziger Jahre mit Hilfe der Sowjetunion in eine straff organisierte Kaderpartei mit Beteiligung der 1921 gegründeten Kommunistischen Partei umgebildet wurde, weckte eine Zeitlang große Hoffnungen, weil sie die Einigung Chinas sowie wirtschaftliche und politische Reformen versprach. Es gelang ihr, große Teile der Bevölkerung unter ihren Fahnen zu vereinigen auf dem sogenannten Nordfeldzug, auf dem ein Militärmachthaber nach dem andern entmachtet werden konnte. Doch vermochten sich nach dem Tod Sun Yatsens, dessen Nachfolger Tschiang Kaischek geworden war, diejenigen Kräfte durchzusetzen, die nur soweit an einer Einigung und politischen Reformen interessiert waren, wie sie ihnen die unveränderten Landbesitz- und Pachtverhältnisse und ein ungehindertes Wachstum des Handels-, Industrie- und Finanzkapitals garantierten.

Mit den Massakern in Schanghai 1927, die die Guomindang an den Kommunisten verübte, und der Liquidierung der Arbeiterbewegung begann der Bürgerkrieg. Die Guomindang-Soldaten zogen plündernd und mordend durchs Land auf der Suche nach den «roten Banditen», anstatt gegen die Japaner zu kämpfen, die 1931 in die Mandschurei einfielen (und sie bald darauf zu ihrem Marionettenstaat Mandschukuo machten), 1932 Schanghai bombardierten und 1937 Peking besetzten und schließlich weite Teile des übrigen China.

Die Bauern, der Habgier der Grundbesitzer und ihrer Privatarmeen sowie der Willkür der Kriegsherren und ihrer Büttel ausgeliefert, ausgepreßt durch die Steuereintreiber und Soldaten der Guomindang und terrorisiert von der japanischen Armee, hatten nichts mehr zu verlieren. Wie hätten sie da nicht die Kommunistische Partei, die nach der Verfolgung durch die Guomindang und nach den gescheiterten Aufständen in verschiedenen Städten ihre Stützpunkte auf dem Land errichtete, in ihrem revolutionären Kampf unterstützen sollen, der ihnen ein menschenwürdiges Leben versprach?

Fehlender gesundheitlicher Schutz und die katastrophalen hygienischen Verhältnisse in den Betrieben und Unterkünften der Arbeiter führten zusammen mit der verbreiteten Unterernährung zu einer hohen Rate von berufsspezifischen Krankheiten: Knochenfraß in den Streichholzfabriken, Bleivergiftungen unter den Druckern, Haut- und Magenerkrankungen sowie Tuberkulose in der Textilindustrie. Hakenwurminfektionen waren eine für chinesische Bergleute ‹normale› Krankheit. In einer Untersuchung der ‹Rockefeller Sanitary Commission for the Eradication of Hookworm› im Pingxiang-Kohlenbergwerk in der Provinz Jiangxi im April 1914 wurde bei 81,6 Prozent der untersuchten Arbeiter Hakenwurmbefall festgestellt, was zu einer ungewöhnlich hohen Krankheits- und Todesrate führte. Unter Tage bot sich den Forschern ein erschreckendes Bild: bei fast hundertprozentiger Luftfeuchtigkeit und hohen Temperaturen schuftete eine ‹extrem große Zahl› von halbnackten oder völlig nackten Kumpels mit ‹abgetrennten und abgequetschten Händen und Füßen› zwölf Stunden lang, umgeben von unzähligen Ratten, Ameisen, großen Skorpionen und ihrem eigenen Kot.»

PETER SCHIER, «Die chinesische Arbeiterbewegung», in: R. LORENZ (Hrsg.), «Umwälzung einer Gesellschaft», S. 263 f.

Fortsetzung Seite 101

79

81 Der Sommerpalast von Peking ist in seiner heutigen Form im 19. und 20. Jahrhundert errichtet worden und dient nun in erster Linie der Bevölkerung der Hauptstadt als Ausflugsziel.

82 Sommerpalast in Peking:
83 Blick nach Westen zum Yuquanshan, dem «Hügel der Jade-Fontäne».

84 Sommerpalast in Peking:
85 Bootsverleih und «Siebzehn-Bogen»-Brücke.

86 Wohnhäuser und Wohnstraße
87 im westlichen Bezirk von Peking.
Die Häuser sind um kleine Innenhöfe gruppiert, in denen ein ausgesprochen gemeinschaftliches Leben herrscht. Ihre Höhe war früher durch kaiserliche Verordnung begrenzt, kein Haus in der Nähe der «Verbotenen Stadt» durfte die Höhe der Palastmauer erreichen.

89 Pekings Paradestraße, die Chang'an-Allee, mit der «Großen Halle des Volkes».

91 Sonnenschirme der Photographen vor dem Tian'anmen-Tor in Peking.

93 Peking, Blick nach Westen über den Kaiserpalast, die «Verbotene Stadt». Die Bauten der «Verbotenen Stadt» stammen vorwiegend aus dem 17. Jahrhundert. Der Ort wurde nach Ausrufung der Republik 1912 schrittweise der Öffentlichkeit zugänglich gemacht.

95 Kaiserpalast in Peking: *Taihemen,* das «Tor der höchsten Harmonie».

96 Peking: In der «Verbotenen Stadt».

97 Das «Haus des Erhabenen Himmels», *Huang quingyu,* in Peking ist Teil der Anlage des Himmelstempels. Es diente der Aufbewahrung der Zeremonialgegenstände. Erbaut wurde es 1530, restauriert im Jahre 1752.

99 *Shendao,* die «Heilige Straße» zu den Ming-Gräbern außerhalb Pekings.

100 Sonnenuntergang über dem Taihusee bei Wuxi.

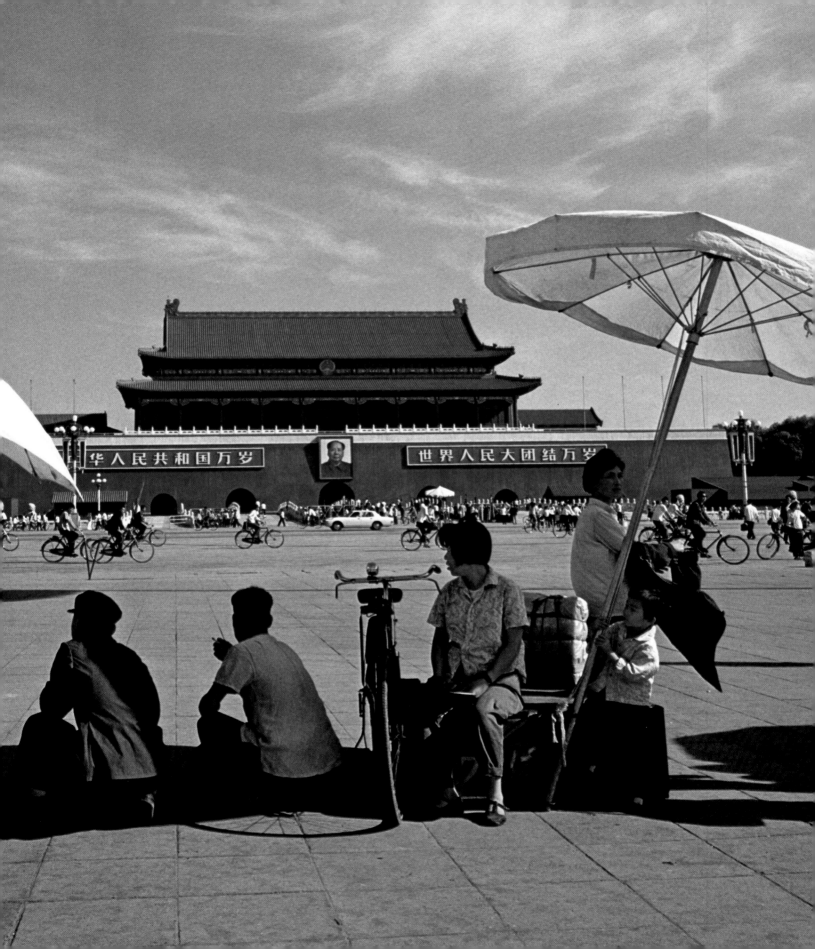

Die Entwicklung nach 1949

Ein neuer Anfang und der erste Fünfjahrplan

So gut die langfristigen Perspektiven der jungen Volksrepublik aussahen – das Land besaß riesige natürliche Ressourcen; der größte Teil des chinesischen Volkes hatte durch die ständige Konfrontation mit akutem Mangel und unmittelbarer existenzieller Bedrohung ein Arbeitsethos als Teil der Sozialisation vermittelt bekommen, das den Übergang zu industrieller Arbeit außerordentlich erleichterte; und die überwiegende Mehrheit begrüßte den Sieg der kommunistischen Partei im Bürgerkrieg und die Proklamierung des neuen Einheitsstaates –, so erdrückend waren die konkreten kurzfristigen Probleme, denen sich die Führung der KPCh 1949 gegenüber sah.

Chinas Ausgangslage als Nationalstaat war 1949 schlechter als die vergleichbarer Länder. Zum Zeitpunkt der Oktoberrevolution existierte in Rußland zum Beispiel bereits eine beträchtliche Eisen- und Stahl-Industrie, und den Ausbau des Eisenbahnsystems hatte der zaristische Staat systematisch gefördert. Auch in Indien war die Lage nach dem Abzug der früheren Kolonialmacht 1947/1948 viel günstiger. Die Produktion war durch keinerlei Kriegsschäden eingeschränkt – im Gegenteil: Die Briten hatten im Rahmen des antijapanischen Krieges den Aufbau einer vielseitigen indischen Industrie noch sehr vorangetrieben, und das Eisenbahnnetz Indiens war relativ dicht und gut ausgebaut.

In China dagegen lag die Industrieproduktion 1948/1949 an einem Tiefstpunkt. Die einzige Schwerindustrie-Basis, das Relikt japanischer Kolonialherrschaft in der Mandschurei, war von den Sowjets demontiert worden. Das Eisenbahnnetz hatte eine Länge von nur 20 000 Kilometer. Viele Provinzen waren überhaupt noch nicht per Bahn zu erreichen, so daß selbst die elementarsten technischen Voraussetzungen für die wirtschaftliche und politische Integration der Einzelregionen in einen einheitlichen Staatsverband fehlten.

Eine der wichtigsten Maßnahmen der neuen Regierung war die Bodenreform. Mit der gleichmäßigen Verteilung des Landes an die, die es bestellen, wurde der alten herrschenden Klasse, den Grundherren, die ökonomische Basis und damit ihre politische Macht entzogen. Seit der Gründung des chinesischen Einheitsstaates vor mehr als 2000 Jahren war dies der einschneidendste politische Schritt in der Geschichte des Landes.

Für die eigentliche Industrialisierung galt es nun, vor allem zwei Hindernisse zu überwinden: den Kapitalmangel und das Fehlen geschulter Arbeitskräfte. In beiden Fällen war nur auf Hilfe bei der Sowjetunion zu hoffen, da die Vereinigten Staaten nach Ausbruch des Koreakrieges ein Embargo über den Handel mit der Volksre-

Aus dem Gesetz über die Durchführung der Bodenreform vom 28. 12. 1947

«Artikel I – Das System der feudalen und halbfeudalen Ausbeutung ist abgeschafft. Verwirklicht werden soll der Grundsatz ‹das Land denen, die es bebauen›.
Artikel II – Die Grundeigentumsrechte aller Grundbesitzer werden abgeschafft.
Artikel III – Die Grundeigentumsrechte aller Ahnenschreine, Tempel, Klöster, Schulen, Institutionen und Organisationen werden abgeschafft.
Artikel IV – Auf dem Land werden alle Schulden aus der Zeit vor der Bodenreform getilgt.»

nach W. HINTON, «Fanshen», Bd. 1, S. 25

publik China verhängten. Die Sowjetunion lieferte nach Abschluß der Verträge zwischen Mao und Stalin im Frühling 1950 Industrieausrüstungen und stellte Experten zur Verfügung (insgesamt rund 12000), die Volksrepublik lieferte dafür Leichtindustrieprodukte, Baumwolle und Nahrungsmittel.

Das Kapital für die Industrialisierung mußte im eigenen Land aufgebracht werden, aus den Bereichen der Landwirtschaft und Industrie. Die Strategie zur Erreichung dieses Ziels formulierte der erste Fünfjahrplan (1953 bis 1957), der sich an die Industrialisierungskonzeption Stalins anlehnte. 58 Prozent der Neu-Investitionen waren für den industriellen Sektor bestimmt (die Verstaatlichung der alten Betriebe aus der Zeit von 1949 war 1956 abgeschlossen), neunzehn Prozent für Verkehr und nur acht Prozent für die Landwirtschaft (Li Fuchun)! Das Schwergewicht lag beim Aufbau einiger hundert Schlüsselprojekte der Schwerindustrie und des Maschinenbaus. Viele dieser Anlagen entstanden im Binnenland, in Provinzen, in denen es bis dahin praktisch überhaupt keine moderne Industrie gegeben hatte, wie in Henan, Shanxi und in der Inneren Mongolei.

Die Kollektivierung

Die enge Kooperation mit der Sowjetunion führte dazu, daß innerhalb weniger Jahre der Grundstock für die wichtigsten Industriebereiche gelegt werden konnte. Die Zuwachsrate der chinesischen Industrie lag im Durchschnitt der Jahre 1950 bis 1957 bei jährlich 22,3 Prozent, die der Landwirtschaft, obwohl hier kaum etwas investiert wurde, immerhin bei 8,1 Prozent jährlich (Hagemann). Hatte die überstürzte Kollektivierung in der Sowjetunion während des ersten Fünfjahrplans zu schweren Produktionsrückschlägen geführt, die sich unter anderem aus der Anwendung phy-

«Landvermessung», Holzschnitt von Nin Wen, um 1950

«Bau von Getreidespeichern in einem Bergdorf», Holzschnitt von Zhu Jingren. Das Anlegen von Vorräten für den Fall von Mißernten oder Krieg wurde zu einer wichtigen Aufgabe des Kollektivs.

sischer Gewalt und der Unerfahrenheit der Partei ergaben, bewies die chinesische Kollektivierung, daß – ohne größere Neuinvestitionen – allein die Umgestaltung der Eigentumsverhältnisse und die dadurch mögliche neue Organisation der Arbeit Grundlage für eine beträchtliche Produktionssteigerung sein können.

Die Bodenreform brachte zwar jedem Bauern die Erfüllung des uralten Traums vom eigenen schuldenfreien Land, mußte aber notwendigerweise noch viel stärker als in der Sowjetunion zu einer «Verzwergung» der Betriebe führen. Nach der Bodenreform schwankte die Anbaufläche pro Kopf eines bäuerlichen Haushaltes zwischen 0,2 Hektar im Süden und 0,5 Hektar im Nordosten! Damit war kein Mehrprodukt für die Industrie zu erwirtschaften, ja nicht einmal eine ausreichende Selbstversorgung der Bauern. Der Zwang zur Kooperation war deshalb von Anfang an gegeben. Manche Dörfer waren so arm, daß bei der Bodenreform mehrere Familien sich in ein Zugtier teilen mußten, das heißt ein oder mehrere Haushalte bekamen beispielsweise nur «ein Eselbein». Ab 1950 kam es deshalb zu Vereinigungen in «Gruppen für gegenseitige Hilfe», in denen die Bauern gemeinsam die Felder bestellten. Doch brachte noch jeder seine eigene Ernte ein. Diese Gruppenarbeit erlaubte schon eine gewisse Ertragssteigerung.

Staatlich initiiert war dann die nächste Phase: die Gründung von Produktionsgenossenschaften (ab 1952). In der «niederen Stufe» wurde das Einkommen – nach Abzug der Mittel für den Akkumulationsfonds – nach Arbeitskraft und eingebrachtem Land verteilt.

Die eigentliche Zäsur bildete die volle Kollektivierung in den landwirtschaftlichen Produktionsgesellschaften «höheren Typs» (1955/56), weil nun eine Umlegung und Neugliederung der Flur nach bewässerungstechnischen Kriterien möglich war. Jetzt konn-

«Das neue Gesicht von Dazhai», Holz-schnitt von Guo Shouxiang. Dazhai gilt als beispielhafte Volkskommune.

ten auch die meisten Grabhügel eingeebnet werden (die der Tradi-tion gemäß mitten in den Feldern lagen und zehn bis dreißig Pro-zent der besten Flächen, oft noch mehr, besetzten).

Abkehr vom sowjetischen Weg und Entwicklung einer eigenen Strategie

Trotz dieser offenkundigen Erfolge führte die Verwirklichung des ersten Fünfjahrplans zu einer Reihe schwerwiegender Probleme: Der Bedarf der Landwirtschaft an leichten Maschinen und Gerä-ten, auch an Kunstdünger blieb unbefriedigt. Es fehlte an Kon-sumgütern aller Art. Die Großprojekte in den Städten hatten Mil-lionen von Arbeitskräften aus der Landwirtschaft abgezogen. Sie fehlten – solange die Mechanisierung noch ausstand – in der Hauptsaison. Die Städte konnten anderseits die Flut der Einwan-derer nicht so schnell versorgen, fehlte doch selbst für die ursprüng-liche Stadtbevölkerung jedes moderne Versorgungssystem. Der Ausbau und die Modernisierung des Schul- und Wissenschaftssy-stems hatte nur die Städte begünstigt. Wie sollte man aber die

Landwirtschaft revolutionieren, wenn die Bauern nicht wenigstens zu einem Minimum an Schulbildung Zugang hatten?

Schließlich hatte die zentralistische Planung, dem sowjetischen Vorbild entsprechend, zu einer Aufblähung der Ministerialbürokratien geführt mit den typischen Reibungsverlusten und der üblichen Schwerfälligkeit bei der Fällung von Entscheidungen. All das bedeutete eine Vergrößerung des Gefälles zwischen Industrie und Landwirtschaft, Stadt und Land. Als sich die Verschärfung dieser Widersprüchlichkeiten abzuzeichnen begann, skizzierte Mao 1956/57 die Ansätze für eine spezifische chinesische Entwicklungsstrategie.

In seiner erst im Dezember 1976 offiziell publizierten Rede «Über die zehn großen Beziehungen», die er im April 1956 gehalten hatte, also noch vor den Erhebungen in Ungarn und Polen, formulierte er eine erste vorsichtige, aber eindeutige Kritik des sowjetischen Weges der Industrialisierung und sprach sich für eine stärkere Gewichtung der Landwirtschaft und Leichtindustrie aus, also für eine Relativierung des Stalinschen Primats der Schwerindustrie. Diese neue Akzentsetzung bot sich aus zwei Gründen an: Sie ermöglichte eine bessere Versorgung der Bevölkerung mit Konsumgütern und der Landwirtschaft mit einfachen Produktionsmitteln, während sie gleichzeitig eine beschleunigte Kapitalakkumulation für die Schwerindustrie gewährleistete. Schließlich waren Landwirtschaft und Leichtindustrie arbeitsintensive Bereiche, die mit schnell angelernter Arbeitskraft und geringen Investitionen bald Überschüsse erwirtschaften konnten.

Volkskommunen und Großer Sprung

Die Neubestimmung der Entwicklungsstrategie, die der chinesischen Situation gerecht wurde, fand ihre Formulierung in den beiden Parolen «auf beiden Beinen gehen» (traditionelle arbeitsintensive Technologie neben «moderner», kapitalintensiver) und «die Landwirtschaft ist die Basis, die Industrie der führende Faktor». Mehr als fünfzehn Jahre brauchten die marktwirtschaftlich orientierten Entwicklungsländer, um im Programm der zweiten UNO-Entwicklungsdekade 1970 zu ähnlichen Erkenntnissen zu kommen.

Die praktische Umsetzung der neuen Ideen erfolgte mit der Bewegung der «drei roten Banner» ab 1958. Das erste der drei Banner war die «Generallinie des sozialistischen Aufbaus», der Aufruf, «unter Anspannung aller Kräfte immer schneller vorwärtsschreitend, mehr, schneller, besser, wirtschaftlicher den Sozialismus aufbauen». Er bildete den Hintergrund für die beiden anderen «Banner»: die Konzeption der «Volkskommune» und den «Großen Sprung nach vorn».

Schwerindustrie, Leichtindustrie, Landwirtschaft

«Ist euer Wunsch, die Schwerindustrie zu entwickeln, echt oder nur vorgetäuscht, ist er brennend oder lau? Falls euer Wunsch nur vorgetäuscht oder lau ist, dann geht auf die Landwirtschaft und die Leichtindustrie los und investiert weniger in sie. Wollt ihr aber wirklich die Schwerindustrie entwickeln, ist dies euer brennender Wunsch, dann werdet ihr der Landwirtschaft und der Leichtindustrie große Aufmerksamkeit schenken, damit mehr Getreide da ist und die Leichtindustrie noch mehr Rohstoffe zur Verfügung hat, damit noch mehr akkumuliert wird. Dann werden in Zukunft auch mehr Mittel in die Schwerindustrie investiert werden können.»

MAO TSETUNG, «Über die zehn großen Beziehungen» (1956), Peking 1977, S. 4

Volkskommunen und der Weg zum Kommunismus

«Hauptzweck der Errichtung der Volkskommunen ist es, den sozialistischen Aufbau zu beschleunigen, und Zweck des Aufbaus des Sozialismus ist die aktive Vorbereitung auf den Übergang zum Kommunismus. Es scheint, daß die Verwirklichung des Kommunismus in China nicht mehr ein Ereignis der fernen Zukunft ist. Wir müssen die Form der Volkskommunen aktiv dazu benutzen, um den praktischen Weg des Übergangs zum Kommunismus zu erkunden.»

Aus dem Beschluß des Zentralkomitees der KPCh über die Schaffung von Volkskommunen auf dem Land vom 29. 8. 1958, in: TOMSON/SU, «Regierung und Verwaltung in der Volksrepublik China», Köln 1972, S. 479

Die Volkskommune

Nachdem man Anfang der sechziger Jahre die Größe der Volkskommune reduzierte und damit ihre Zahl erhöhte (sie stieg von rund 25 000 auf heute 70 000), hatte man eine ziemlich optimale Organisationsform für die Entwicklung der Landgebiete gefunden. Die Volkskommune, die in ihrem heutigen Umfang der vorrevolutionären Gemeinde (xiang), bzw. dem ehemaligen Einzugsgebiet eines Wochenmarktes entspricht, ist die oberste Organisationsform der ländlichen Basiseinheiten und gleichzeitig unterste staatliche Einheit. Jede Volkskommune umfaßt mehrere Produktionsbrigaden und jede Brigade wieder eine Anzahl von Produktionsgruppen.

Die Produktionsgruppe ist die unterste kollektive Einheit und oft mit dem traditionellen Dorf identisch (bei größeren Siedlungen bilden mehrere Produktionsgruppen ein Dorf). Das Land, welches die Produktionsgruppe bestellt, gehört ihr. Der Ertrag wird – je nach Arbeitsleistung – unter die Mitglieder der Gruppe aufgeteilt. Die Bauern bekommen keinen festen täglichen oder monatlichen Lohn, sondern erhalten ihr Geld erst nach den Haupternten, wenn abzusehen ist, wie das Ernteergebnis ausgefallen ist. Stattdessen bekommen sie für jeden Arbeitstag eine bestimmte Anzahl von Arbeitspunkten aufgeschrieben. Halb- oder ganzjährlich werden die Arbeitspunkte jedes einzelnen zusammengezählt und wird der Geldwert eines Arbeitspunktes ermittelt, der von der Höhe der Erträge abhängt. Wie viele Punkte jeder für seine Arbeit bekommt, wird in der Gruppe entschieden. Die Produktionsgruppe (in selteneren Fällen auch die Brigade) organisiert also ihre Produktion, Akkumulation und Verteilung selbst und ist allein für Gewinn und Verlust verantwortlich.

Die Brigade koordiniert die Arbeit der Gruppen, insbesondere die Planung und übernimmt Aufgaben, die über die Leistungsfähigkeit der Gruppen hinausgehen: Stationen mit Traktoren und anderen größeren landwirtschaftlichen Maschinen zu halten und zu warten, neue Wasserbauprojekte zu planen und durchzuführen, kleinere Fabriken aufzubauen, aber auch dafür zu sorgen, daß eine «Abendschule» (Erwachsenenbildung) und eine Krankenstation zur ambulanten Behandlung zur Verfügung stehen. Auch die Grundschulen und die Organisation der genossenschaftlichen Gesundheitsversorgung gehören zu den Aufgaben der Brigade.

In den Landgebieten vieler Provinzen hatte es sich gezeigt, daß die Genossenschaften noch zu klein waren, um notwendige Infrastrukturprojekte durchzuführen und Sozialleistungen für die Bauern sicherzustellen (etwa Schulen oder Gesundheitswesen). So kam es angesichts dieser Schwierigkeiten in verschiedenen Landesteilen zur Absprache zwischen mehreren Produktionsgenossenschaften, sich zusammenzuschließen, um gewisse Probleme gemeinsam zu lösen. Das war der Beginn der Volkskommune. Die allgemeine Verwirklichung dieser neuen, allseitigen Basiseinheit für die Land-

gebiete (und später auch versuchsweise für die Städte) wurde dann seit Sommer 1958 offiziell von der Partei vorangetrieben, wobei die beginnende Rivalität mit der Sowjetunion unter Chruschtschow sicher dazu beitrug, daß man sich zu der Idee verstieg, mit Hilfe der Volkskommune in wenigen Jahren in die Ära des Kommunismus zu gelangen.

Angesichts der harten Wirklichkeit mußten solche Träume bald verfliegen, aber die Volkskommune bewährte sich langfristig als neue Basisorganisation, mit deren Hilfe unter Rückgriff auf das traditionelle Dorfgewerbe eine Industrialisierung der Landgebiete und die Mechanisierung der Landwirtschaft möglich war. Sie erwies sich auch als geeigneter Rahmen für die Lösung jener sozialen Programme, die der Staat unmöglich zentral für die ganze Landbevölkerung planen und finanzieren konnte.

Der eigentliche Große Sprung, der untrennbar mit den Volkskommunen verbunden ist (die Volkskommunen bildeten gleichsam den Organisationsrahmen), war der Versuch, in einem gewaltigen Kraftakt, mit dem Einsatz aller verfügbaren Kräfte, in drei Jahren Jahrzehnte zu überspringen. Er ist als gigantische Produktionsschlacht viel gerühmt und geschmäht worden. Er habe aufgrund der freigesetzten Initiativen und der enormen physischen Anstrengungen und persönlichen Opfer der Bevölkerung Unerhörtes in Bewegung gesetzt, habe Produktionstechniken wie Eisenschmelzen und Stahlgewinnung auf kleinster lokaler Ebene vermittelt, habe eine halbe Million Dörfer zur Selbsthilfe aufgerufen und ökonomisch wichtige Projekte verwirklicht wie Bewässerungsanlagen (Stauteiche, Kanäle, Wasserkraftwerke), Aufforstung, Bau von Straßen und repräsentativen Gebäuden, sagen die einen.

Die Volkskommune wiederum hilft den Brigaden und Gruppen bei der Entwicklung von Land- und Forstwirtschaft, von Viehzucht und Fischerei usw., organisiert größere Wasserbauprojekte, die eine Brigade sich nicht leisten kann (oft in Verbindung mit der Kreisverwaltung, der nächsthöheren staatlichen Einheit) und leitet eine Anzahl von Industrieunternehmen, wie etwa Fabriken für landwirtschaftliche Geräte, Ziegeleien, Zementfabriken, Bergwerke, Düngemittelfabriken usw., also Unternehmen, die von unmittelbarem Nutzen für die Brigaden und Gruppen sind, aber über deren Kapazität hinausgehen. Mit den Einnahmen aus diesen Betrieben kann sie rückständigere Brigaden und Gruppen unterstützen, aber auch Kliniken und Mittelschulen bauen und unterhalten.

Eine andere wichtige Aufgabe der Volkskommune besteht darin, zwischen der Basis und dem Staat zu vermitteln. Ihre Leitung setzt sich sowohl aus Vertretern der Bauern wie Vertretern des Staats zusammen.

«Hohe Berge, stiller See», Holzschnitt von Feng Zhongtie. Der Bau von Staudämmen zur Flußregulierung, für Bewässerung und zur Stromerzeugung hat wesentliche Verbesserungen der Lebensqualität in China ermöglicht.

Seite 106: «Bau des großen Staudammes am Huai-Fluß», Holzschnitt von Yan Han aus den fünfziger Jahren. Die Regulierung des Huai, der immer wieder verheerende Hochwasser gebracht hatte, war ein vordringliches Anliegen der neuen Regierung.

Und die andern: Er habe jede koordinierte Form geplanter Wirtschaft sabotiert und zerstört, eine enorme Vergeudung von Menschenkraft und Material produziert, von den Menschen unerträgliche Opfer gefordert, übermäßige Ziele aufgestellt, zu viele Kräfte aus der landwirtschaftlichen Produktion abgezogen. Er sei schuld an dem ökonomischen Desaster der drei darauffolgenden «Katastrophenjahre», die echte Hungerjahre waren.

Von der Schwierigkeit, «auf beiden Beinen» zu gehen

Wie auch immer man den Großen Sprung einschätzen mag, er verkörpert in jedem Fall eine der beiden Komponenten, die seit den ersten «Befreiten Gebieten» bis zum heutigen Tag ein wesentliches Moment der ökonomischen Strategie bilden und in ihrer extremen Form in China selbst immer wieder bekämpft oder propagiert wurden.

Es ist eben jenes «Bein», das Technologietransfer aus dem Ausland ablehnt oder relativ eingeschränkt sehen will, Selbstvertrauen auf die eigene Kraft an die erste Stelle setzt, lokale Selbstversorgung anstrebt, Dezentralisierung fordert und die Förderung von Kleinbetrieben, aber auch von Großprojekten (wie Be- und Entwässerungssysteme, Urbarmachung von Neuland, Terrassierung der Berge, Aufforstung, Regulierung der Flüsse, Straßen- und Eisenbahnbau usw.), in denen die menschliche Arbeitskraft den Mangel an Maschinen ersetzt.

Die Jahre 1959 bis 1961 waren die bisher schwersten für die Volksrepublik. Was für einen Anteil der Große Sprung an den auftretenden Problemen hatte, läßt sich nicht eindeutig beantworten. Einige sind der Meinung, daß die Mißernten und der Hunger noch viel schlimmer gewesen wären und länger angedauert hätten, hätte es nicht die während des großen Sprungs errichteten Bewässerungsanlagen gegeben. Wesentliche Ursachen der drei bitteren Jahre *(san gu nian)* waren die Dürrekatastrophen, die großen sommerlichen Stürme, Fehlentscheidungen der Parteiführung (zum Beispiel jene 1959, die Getreideanbaufläche einzuschränken), die Versalzung der Böden als Folge der erweiterten Bewässerungsfläche sowie der unerwartete Abzug der sowjetischen Experten.

Die Rückschläge der Jahre 1959 bis 1961 förderten in den darauffolgenden Jahren kurzfristig die Reprivatisierung in der Landwirtschaft, die Ausweitung «freier Märkte» (Märkte, auf denen die Bauern privat erwirtschaftete Produkte individuell verkauften) und die Stärkung der Position der Mittelbauern, jener Bauern also, die vor 1949 genügend eigenes Land bewirtschafteten, um ohne Pacht auszukommen, und die auch nach der Bodenreform besser als die armen Bauern mit Produktionsmitteln ausgestattet waren.

Im Bereich der Industrie wurde weiter mit den sowjetischen Formen des Betriebsmanagements gearbeitet – Einmann-Leitung, differenziertes Prämiensystem, starke Trennung zwischen Ingenieuren, Technikern, Facharbeitern und einfachen Arbeitern. Insgesamt überwog die Tendenz, mit Hilfe des freien Spiels von Angebot und Nachfrage und über vorwiegend materielle Anreize die Krise zu überwinden. Das führte nach den egalisierenden Tendenzen im Großen Sprung erneut zu stärkerer sozialer Differenzierung.

Auch wenn dies die bestimmende Linie der ersten Hälfte der sechziger Jahre blieb – ihr Exponent war der Staatspräsident Liu Shaoqi –, so bedeutet das nicht, daß es nicht weiterhin Gegenkräfte gab, die sich – in modifizierter Form – für die Fortsetzung der Politik des Großen Sprungs einsetzten.

Dazhai – die von Mao seit 1964 propagierte landwirtschaftliche Brigade – ist ein Beispiel dafür. In einem armen, katastrophenreichen Berggebiet gelegen, also einer jener Randzonen, die von einer marktorientierten Entwicklung besonders hart betroffen wäre, schaffte es eine Gruppe armer Bauern, ohne große staatliche Unterstützung steinige Hänge und Schluchten in Anbauflächen (Terrassenfelder) zu verwandeln, die sichere Erträge brachten, und lieferte damit den Beweis, daß durch überlegten Einsatz der Arbeitskräfte auch die armen Dörfer ohne großen Kapitaleinsatz in der Lage waren, ihre Nutzfläche in Hinblick auf Bewässerung und Mechanisierung «umzubauen» und genügend Kapital für den Ankauf von Maschinen zu bilden.

Die Frage, welche der beiden Strategien, welches «Bein» auf die Dauer stärker gewichtet wird, bzw. ob sie ausgewogen nebeneinander stehen, muß immer wieder neu gestellt und beantwortet werden.

Während und nach der Kulturrevolution knüpfte man wieder stärker an jene lokalen Initiativen an, die im Großen Sprung begonnen hatten. Produktionsrückschlägen (1967/68) folgte eine beträchtliche Aufwärtsentwicklung, vor allem auf dem Land (Ausbau der ländlichen Elektrifizierung und Kleinindustrie). Eine zu stark an den Opferwillen der Arbeiter und Bauern appellierende Politik und die Neigung, die materiellen Bedürfnisse des Volkes zu negieren, außerdem eine starke Tendenz, die Intelligenz (das heißt all jene, die über ein in der Industrie, Wissenschaft und Ausbildung dringend benötigtes Wissen verfügten) zu gängeln und fachlich orientierte Initiativen abzuschneiden, waren neben innerparteilichen Machtkämpfen, die gerade die unteren Ränge der Kader, aber auch die Werktätigen ganz allgemein zur Passivität verdammten, schuld an erneuten Versorgungsschwierigkeiten, vor allem in den Jahren 1973 bis 1976.

Seit Maos Tod knüpft man wieder stärker an der ersten Hälfte der sechziger Jahre an – das zeigt sich an der Förderung der Wissenschaft, an der Förderung der sich durch besondere Leistungen auszeichnenden Jugendlichen im Ausbildungsbereich, an der Ankurbelung der Produktion durch materielle Anreize, an dem Ausschalten der Revolutionskomitees, die während der Kulturrevolution gegründet worden waren und an dem wieder verstärkten Import modernster Technologie im Industrie- und Rüstungsbereich aus den westlichen Industrieländern.

Zur heutigen Situation

Was den gegenwärtigen Entwicklungsstand von Industrie und Landwirtschaft in China – nach fast drei Jahrzehnten des relativ friedlichen Aufbaus – betrifft, so fällt die im Vergleich zu früher gleichmäßigere Verteilung der Betriebe über das ganze Land auf, trotz der naturbedingten regionalen Ungleichheiten. Ballungsgebiete und verarmende Randgebiete stehen sich nicht so kraß gegenüber wie etwa in Brasilien oder Nigeria. Es gibt heute praktisch keine Provinz oder Autonome Region mehr, die nicht – wenigstens in kleinem Umfang – über eine eigene Grundausstattung mit Großbetrieben der Eisen / Stahl-, Baustoff-, Chemie-, Textil-, Elektro- und Werkzeugmaschinen-Industrie sowie des Fahrzeugbaus verfügt. Selbst in einer so abgelegenen Region wie Tibet wird diese Palette bald ziemlich vollständig vertreten sein.

Innerhalb der einzelnen Provinzen wiederum wird der Aufbau der sogenannten «fünf kleinen Industrien» auf der Ebene der Kreise und Volkskommunen propagiert: Bergbau, Eisen / Stahl-, Landmaschinen-, Zement- und Kunstdüngerproduktion. Die Vorteile dieser netzartigen Verteilung der Industrie über das ganze Land liegen auf der Hand: Entlastung des Transportsystems, optimale Nutzung der lokalen Bodenschätze, bedarfsge-

«Hochofenbau bei Nacht», Holzschnitt von Ji Qinghe und Li Mulin.

rechte Produktion, Heranbildung qualifizierter Arbeitskräfte in allen Teilen des Landes, bessere Chancen für die Verteidigung im Falle eines militärischen Angriffs. Diese in so vielen Entwicklungsländern vernachlässigte Regionalisierung trägt zweifellos auch zur politischen Stabilität bei.

Ein weiteres Merkmal ist die besondere Form der Verbindung von moderner und primitiver Technologie. So existieren in den Städten riesige Produktionsstätten, die sich in der eingesetzten Technik und Arbeitsorganisation kaum von zeitgenössischen Be-

trieben in Japan oder Westeuropa unterscheiden, Seite an Seite mit Mittel- und Kleinstbetrieben, die oft so ärmlich ausgestattet sind, daß sie auf den ersten Blick an die frühe Industrie des Konkurrenzkapitalismus erinnern. Das Nacheinander der einzelnen Etappen der Industrialisierung begegnet einem so – wenn man die technischen Aspekte vergleicht – als ein Nebeneinander im heutigen China.

Abgesehen davon, daß die Kleinbetriebe oft die Rolle von Zulieferern für die Großindustrie übernehmen, fällt ihnen vor allem die Aufgabe zu, jene Konsumgüter zu liefern, die für jedermann erschwinglich in den Warenhäusern zu finden sind – sei es Schuhcreme, Vorhängeschlösser, Knöpfe, Photoalben, Kugelschreiber

«Fabrikneue Dieselloks fahren aus dem Werk», Holzschnitt von Hu Zhuanzhi, Schweißer in der Lokomotivenfabrik in Lüda, entworfen von einem Kollektiv.

oder Kinderwäsche – und die in so vielen anderen Ländern der Dritten Welt immer noch importiert werden müssen.

Diese besondere Form des Neben- und Miteinander von modern und traditionell existiert genauso in der Landwirtschaft. Hier gelingt, was sich in anderen Ländern der Dritten Welt oft als unversöhnlicher Gegensatz gegenübersteht, nämlich daß wissenschaftliche, technische Methoden mit überlieferten eine enge Verbindung eingehen.

Während Innovationen wie neues Saatgut, Kunstdünger, elek-

«Mehr Ausrüstung für die Stahlproduktion», Holzschnitt von You Dechang.

trisch betriebene Be- und Entwässerung etwa auf den Philippinen oder in Südkorea (von den wenigen arbeitsfähigen Genossenschaften abgesehen) nur Großbetrieben zugänglich sind, die den Banken kreditwürdig erscheinen oder die selber über entsprechende Kapitalreserven verfügen, während gleichzeitig die Mehrzahl der Bauern von Mißernten und Hunger betroffen sind, findet man Hinweise auf derartige Neuerungen in China weit verbreitet (natürlich unterschiedlich in der Intensität), und zwar in Kombination mit dem Einsatz herkömmlicher Methoden. Auch der Einsatz von einigen wenigen Bulldozern bei Erdbewegungsarbeiten zusammen mit mehreren hundert Menschen, die mit Schubkarren und Tragekörben die zusammengeschobene Erde auf neugewonnene Felder tragen und dort sorgfältig ausbreiten – ein typisches Bild während der Wintermonate – ist ein Beispiel für diese Kombination.

Die Erfolge sollten einen jedoch nicht die Probleme vergessen lassen. Einige seien herausgegriffen:

Immer wieder zeichnet sich die Gefahr eines unausgewogenen Verhältnisses zwischen Zentralisierung und Dezentralisierung ab, auf der einen Seite also eine zeitweilig zu starke Dezentralisierung, die jede einheitliche Planung unmöglich macht und die Durchführung sinnvoller Großprojekte be- oder sogar verhindert, oder eine zu starke Zentralisierung, die lokale Initiativen (etwa bei der ländlichen Kleinindustrie) beschränkt und sich politisch wie auch ökonomisch lähmend auswirkt.

Die von der Natur vorgezeichneten regionalen Ungleichgewichte werden sich mit fortschreitender Industrialisierung auch in China verschärfen. Noch kann der Staat durch die Beschränkung der Freizügigkeit und des Informationsflusses das Bewußtsein von diesen Ungleichheiten unterdrücken (das Bewußtsein für die sozialen Ungleichheiten zwischen Bauern, Arbeitern, Soldaten, Intelligenz und höheren Kadern ist schon wesentlich schärfer entwickelt), doch wird so das Problem eher aufgeschoben als aufgehoben.

Angesichts der allgemeinen Rückständigkeit war die jeweilige Konzentration aller Kräfte auf ein Hauptziel im Rahmen politischer und ökonomischer Bewegungen («Kampagnen» als Mittel, den revolutionären Schwung zu erhalten) vielleicht sinnvoll. Je differenzierter allerdings die Arbeitsteilung wird mit wachsender Industrialisierung, desto verlustreicher wird das ausschließliche Hervorheben eines Ziels bei gleichzeitiger Vernachlässigung der anderen – und sei dies auch nur zeitweilig.

Eine Motivation für die Arbeit aufgrund politischer Appelle ist nicht ständig durchhaltbar. Was wird als Entwicklungsmotor an ihre Stelle treten? Für die jüngere Generation ist die bittere Vergangenheit keine erlebte Erfahrung mehr und die von oben angeordnete Erinnerung an die gestrigen Leiden kein Grund, mit ihrer heutigen Lage zufrieden zu sein.

Der Einsatz von einfachen Maschinen in Gewerbe und Landwirtschaft, «Mittlere Technologie», ist in China weit verbreitet. (aus einem chinesischen Handbuch für Zeichenlehrer, 1974).

Solange «Mangel» noch die allgemeine wirtschaftliche Lage charakterisiert, ist der Wunsch nach einer schnellen Befriedigung der elementarsten Bedürfnisse noch so vorrangig, daß es illusionär wäre, wollte man ein kritisch-distanziertes Verhältnis zum technisch-wissenschaftlichen Fortschritt erwarten. Ein Problembewußtsein hierfür hat sich auch in unserer Gesellschaft erst nach sehr schmerzlichen Erfahrungen herausgebildet. So ist es nicht erstaunlich, daß im heutigen China noch eine naiv-hoffnungsvolle Fortschrittsgläubigkeit dominiert, die eine vorbehaltlose Übernahme westlicher Technologien begünstigt (zum Beispiel Atomkraftwerke; Umgang mit Herbiziden, die beschönigend als *nongyao*, das heißt landwirtschaftliche Medizin, bezeichnet werden). Zwar tritt auch das andere Extrem auf: pauschale Verurteilung des technischen Fortschritts, aber das hat weniger etwas mit dem Bewußtsein der gefährlichen Folgeerscheinungen zu tun als vielmehr etwas mit den besonderen Beziehungen zum Ausland, die sich aufgrund der spezifischen chinesischen Geschichte ergeben.

Auf der einen Seite gelingt es zwar, alte Umweltschäden zum Teil in mühevollster Kleinarbeit langsam zu überwinden; so wird etwa die Aufforstung der kahlen Gebirgshänge und die Terrassierung der Felder an Berghängen die Bodenabtragung stark einschränken. Doch ist die Gefahr groß, daß man beim Aufbau neuer Betriebe langfristige Schäden um der kurzfristigen Erfolge willen (Planerfüllung bzw. -übererfüllung) in Kauf nimmt.

China ist, von einer wichtigen Ausnahme abgesehen, mit allen natürlichen Ressourcen überreich gesegnet und scheint geradezu zum zukünftigen Industriegiganten prädestiniert zu sein. Die Ausnahme bildet das zur Zeit noch wichtigste Produktionsmittel: Land. Die landwirtschaftliche Nutzfläche nimmt heute etwa zehn Prozent der Gesamtfläche des Landes ein und kann nur mit sehr großem Aufwand geringfügig vergrößert werden. Es besteht also geradezu ein Zwang dazu, mit der Anbaufläche äußerst sorgfältig hauszuhalten. So kann man nur hoffen, daß dieser kategorische Imperativ, dessen Nichtbeachtung unmittelbar spürbare Konsequenzen hätte, zur Vermeidung jener Schäden beiträgt, mit denen sich heute alle industrialisierten Länder herumzuschlagen haben.

China – ein sozialistisches Land

China bezeichnet sich als ein sozialistisches Land. Wenn man chinesische Zeitungen aufschlägt oder chinesische Rundfunksendungen hört, dann fehlt es nicht an Bekräftigungen, daß man unentwegt und unbeirrt dem sozialistischen Weg folge, dem Marxismus-Leninismus treu bleibe, die Diktatur des Proletariats festige, den Revisionismus bekämpfe, die Mao-Tsetung-Ideen getreulich befolge und geschlossen unter der Führung der Kommunistischen Partei den großen Zielen der Zukunft entgegengehe.

Ein sozialistisches Land: Was heißt das – sieht man einmal davon ab, daß es ein System zentral kontrollierter Planung gibt und daß die Produktionsmittel nicht mehr in privater Hand sind – konkret für das Leben der Bevölkerung?

Es ist schwierig auszumachen, was bei der Arbeit und im alltäglichen Leben, soweit es sich aus den erreichbaren Informationen ermitteln läßt, auf alter Tradition beruht, vom heutigen politischen System bestimmt wird oder Ausfluß des auch in China begonnenen technischen Zeitalters ist.

Aus der Darstellung gewisser Aspekte des Zusammenhangs von Individuum und Kollektiv, von Arbeit und Freizeit, von Bedürfnissen und wie sie befriedigt werden, ergibt sich doch wenigstens eine Skizze des sozialistischen Alltags.

Der Alltag auf dem Land

Das vielleicht auffallendste Merkmal des Alltagslebens in China ist das Gebundensein des Individuums an ein Kollektiv. Da ist einerseits die noch immer bestehende starke Bindung an die Familie und andererseits die starke Verbundenheit mit der Arbeitseinheit.

Auf dem Land bestehen noch oft Familienverbände mit drei oder sogar vier Generationen unter einem Dach und innerhalb des Dorfes ausgeprägte Verwandtschaftsbeziehungen. In der Stadt ist die Drei-Generationen-Familie nicht mehr unbedingt die Regel, die junge Familie lebt oft für sich; dennoch ist der Familienzusammenhalt auch in der Stadt noch sehr groß. Daß dem Rechnung getragen wird, zeigt sich daran, daß der Unverheiratete, dessen Eltern in einem anderen Landesteil leben, jährlich Anrecht auf vier-

Fortsetzung Seite 141

117 Satellitenbild vom Hinterland Pekings. Auch hier dominieren die Berge. Am rechten Bildrand erscheint das Rechteck der alten Stadtmauer. Mit über sieben Millionen Einwohnern hat die chinesische Hauptstadt diese Begrenzung natürlich schon lange gesprengt.

119 Satellitenbild des südwestlichen Sinkiang, aufgenommen am 3. Dezember 1972. Das Kunlungebirge grenzt hier an die Wüste Taklamakan im Tarimbecken. Am rechten oberen Bildrand, den Flußläufen entlang, sind pflanzenbedeckte Flächen erkennbar.

121 Die Große Mauer bei Badaling. Der Grenzwall, rund 2450 Kilometer lang, wurde 221 v. Chr. begonnen und belegt deutlich die stets vorhandene Gefahr, die den Chinesen von den Steppenvölkern drohte. Die Mauer erhielt ihre heutige Form im wesentlichen im 15. Jahrhundert. Ihre Höhe beträgt im Mittel acht Meter, die Breite der Mauerkrone rund fünf Meter.

123 Die Bangchuinsel bei Dalian.

125 Der Kuangguan-Pavillon im Beishan-Park in Jilin. Jilin ist eine der bedeutendsten Industriestädte der gleichnamigen Provinz im Nordosten Chinas.

127 Fischzuchtanlagen bei Wuxi.

129 «Sieben-Sterne-Felsen» in Zhaoquing bei Kanton.

131 Ein Blick von den New Territories von Hong Kong über die Grenze.

132 Ländliche Szene bei Shaoshan, in der Nähe des Geburtshauses von Mao Tsetung.

133 Tee-Ernte bei Shaoshan. Tee ist ein wichtiges Exportprodukt der Volksrepublik China.

135 Reisfelder bei Shaoshan.

136 Reissetzen bei Yangshuo.

137 Fähre bei Yangshuo.

138 Reisterrassen nördlich von Guilin.

139 Der Lijiang bei Guilin und bei Yangshuo.

140 Mondaufgang bei Guilin.

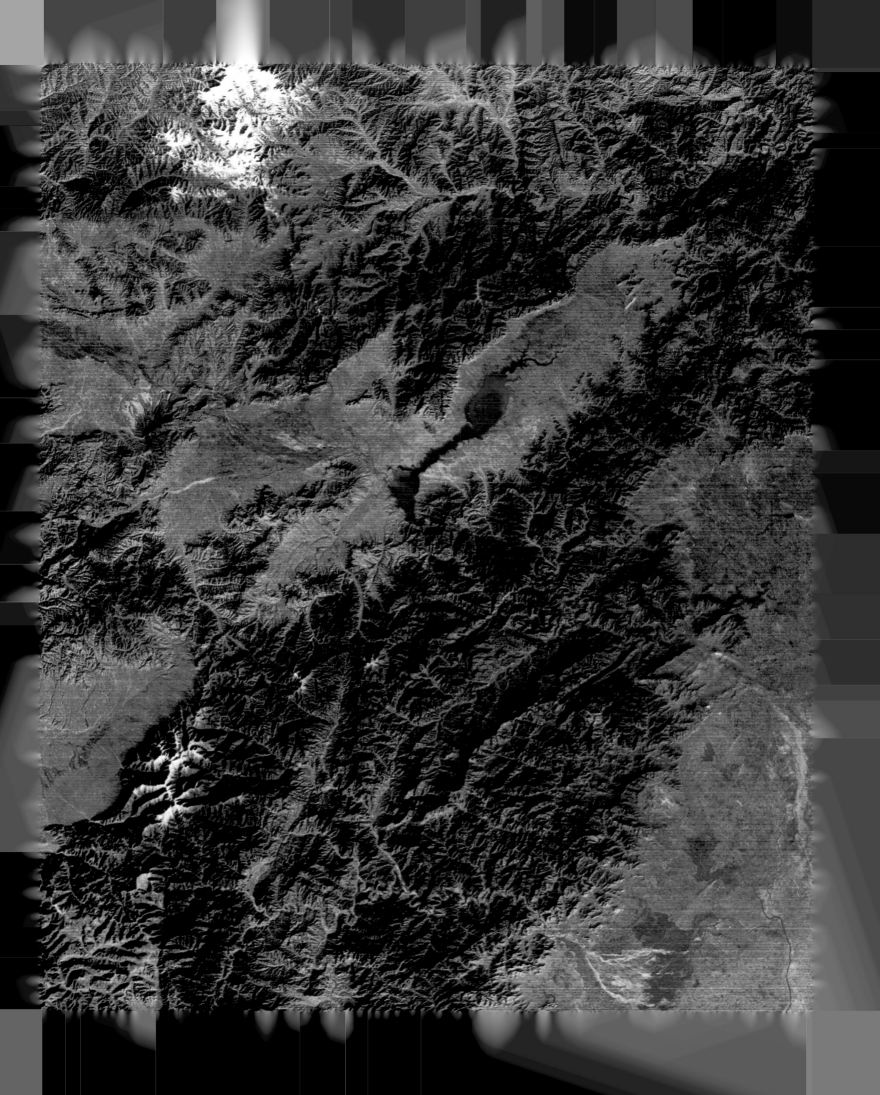

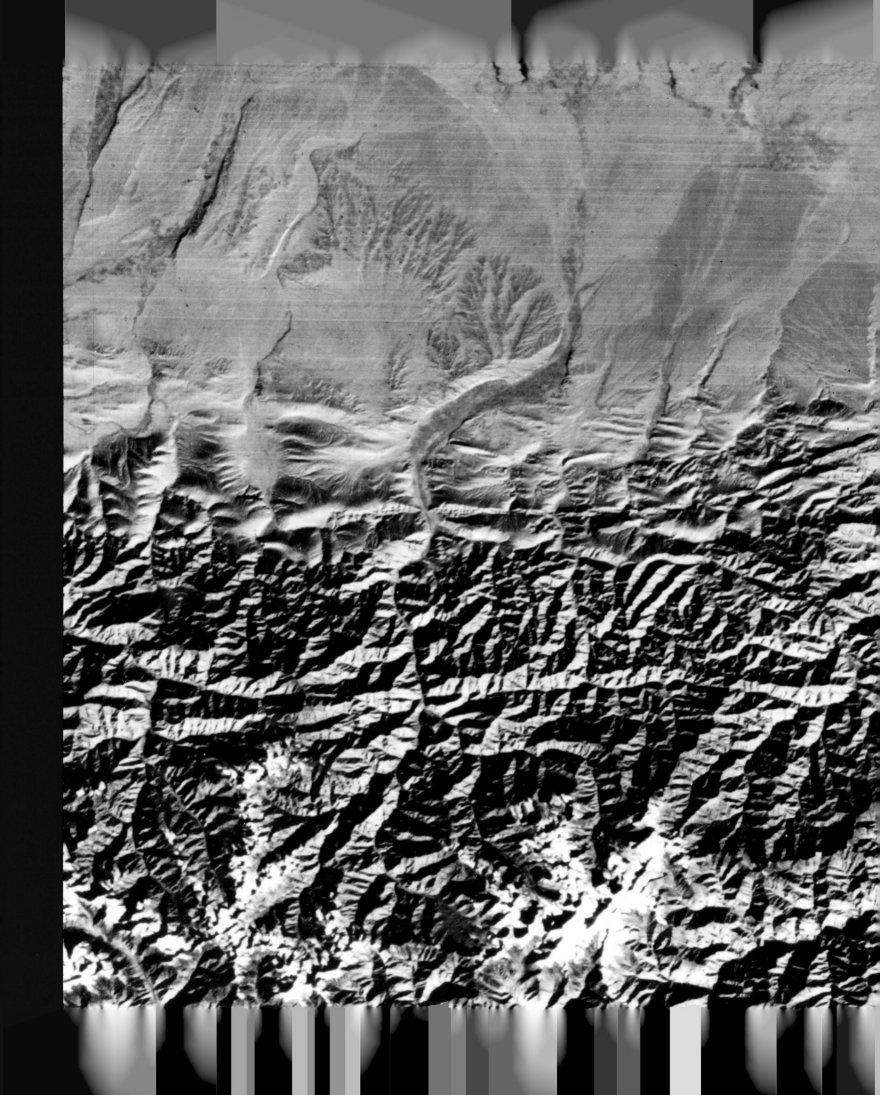

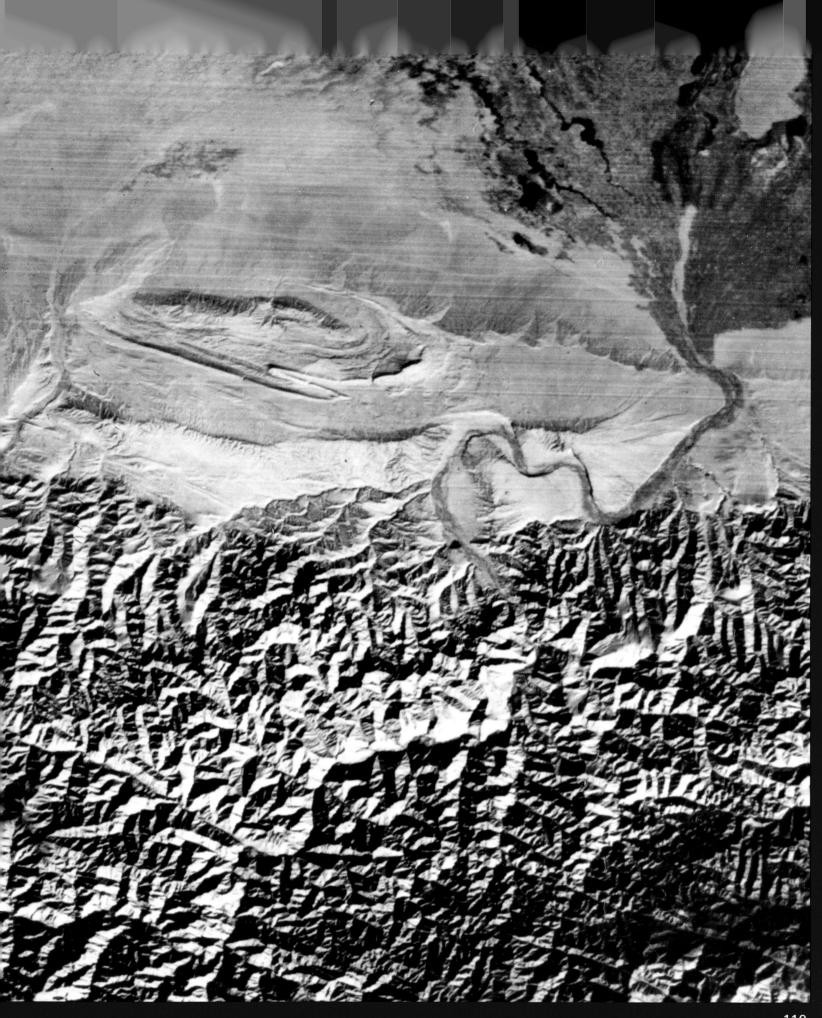

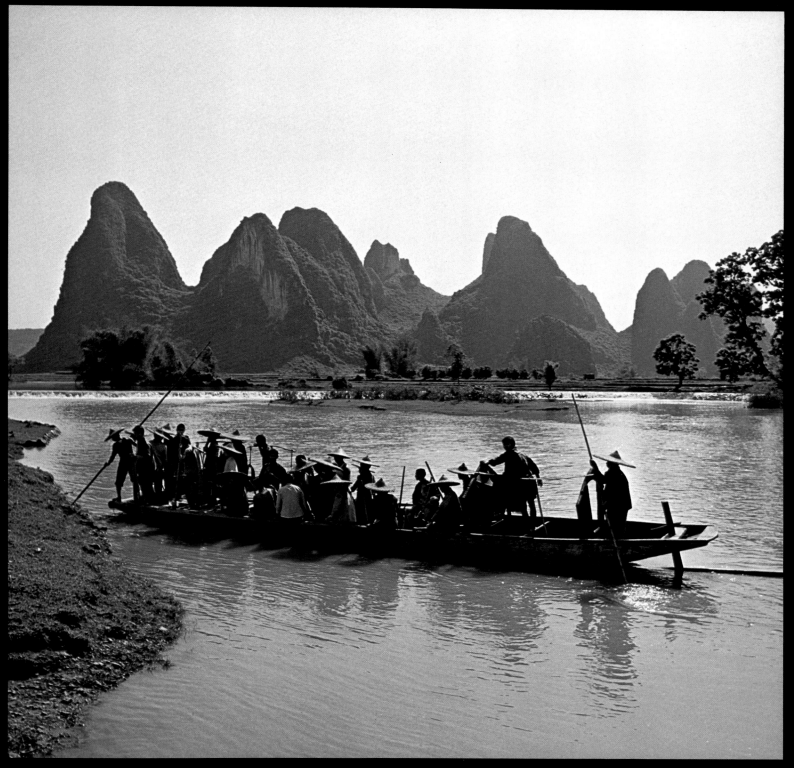

zehntägigen bis einmonatigen Urlaub hat, um seine Familie besuchen zu können (in der Regel gibt es keinen Urlaub, außer an den Feiertagen und beim chinesischen Frühlingsfest). Auch wenn die Eltern aus der Ferne zu Besuch kommen, bekommt der Sohn oder die Tochter einige Tage frei.

Der andere wichtige kollektive Zusammenhang besteht zwischen Individuum und Arbeitsplatz, und zwar auch für alle andern wichtigen Lebensbereiche außerhalb der Arbeit. Auch das ist auf dem Land anders als in der Stadt.

«Großmutter und Enkelin studieren gemeinsam», Holzschnitt von Hu Wangwei. Sie lesen Maos «Yu Gong versetzt Berge».

Auf dem Land zerfällt das Leben im allgemeinen noch nicht in einen Arbeits- und Freizeitbereich, erst recht nicht in einen Bereich, in dem die Zeit außerhalb der Arbeit organisiert ist. Die Arbeit auf den Feldern, noch vorwiegend manuell, wenn auch die Mechanisierung eine immer größere Rolle spielt (vor allem in den stadtnahen Volkskommunen), geschieht in Gruppen. Die Gruppen sind oft in Frauen und Männer getrennt, wobei Männeraufgabe schwerere Erdbewegungsarbeiten sind, das Fahren von Pferdewagen und Traktoren usw., Frauenarbeit etwa das Umpflanzen von Reis und Weizen, das Pflücken von Baumwolle, Obst und Tee oder das Unkrautjäten (doch auch Männer machen Erntearbeit und auch Frauen fahren Traktor, die Trennung ist nicht absolut). Die Arbeit und ihre Ergebnisse sind zwar nicht mehr in dem Maße von klimatischen Schwankungen abhängig wie früher, da es immer mehr ausgeklügelte Be- und Entwässerungssysteme gibt, aber trotzdem noch vom Zuviel und Zuwenig an Regen bestimmt und vom Rhythmus der Jahreszeiten geprägt. In den Zeiten von Aussaat und Ernte ist die Arbeit kaum von Ruhetagen unterbrochen.

Nach der Arbeit fürs Kollektiv kommt die Arbeit auf dem eigenen kleinen privaten Feld, die Versorgung der eigenen Schweine, das Trocknen und Einlegen von Gemüse, das Reparieren der Häuser bzw. die Mitarbeit beim Hausbau der Nachbarn usw. Weiter-

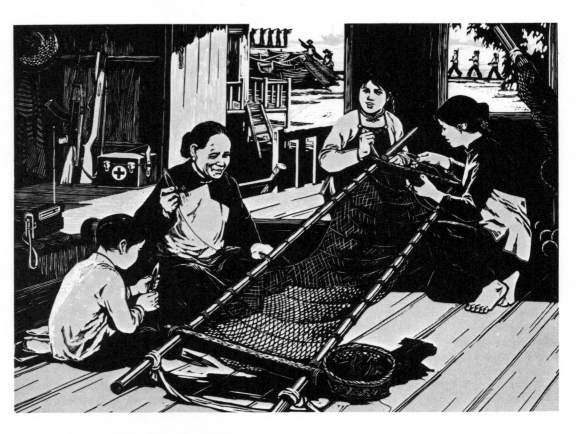

«Fischerhütte», Holzschnitt von Ou Huanzhang, entworfen von einem Kollektiv.

bildung und politische Versammlung ist eher Sache der Kader als der Mehrheit der Bauern. Kulturelle Veranstaltungen finden statt in Form eines Wanderkinos, das vielleicht einmal im Monat ins Dorf kommt, oder einer Laienvorstellung mit Tanz und Gesang oder einer Opernaufführung an Festtagen.

Die Kinderaufzucht ist noch sehr viel weniger aus der Familie hinausverlagert, und die Kinder sind noch früher und stärker in den familiären Reproduktionsprozeß miteinbezogen als in der Stadt.

Das Haus, in dem die Bauernfamilie lebt, ist in der Regel ihr Eigentum. Werden die Kinder erwachsen und gründen eine eigene Familie, wird entweder angebaut, oder sie errichten auf einer anderen, von der Produktionsgruppe zugewiesenen Parzelle ein eigenes Haus.

Eine Altersversorgung in Form einer Rente gibt es auf dem Land in der Regel nicht. Ein gewisser Kinderreichtum, vor allem die Geburt von Söhnen, hat deshalb auf dem Land noch seine materielle Bedeutung – nicht nur bedeuten die Kinder zusätzlich mitverdienende Arbeitskräfte für die Familie, sie stellen auch eine Alterssicherung dar.

Generell kann man sagen, daß alles, was mit der kollektiven Arbeit zusammenhängt, von der Gruppe bzw. Brigade geplant und eingeteilt wird, wobei die Kader – von denen ein Teil ortsansässige Bauern sind, vor allem die Kader der Produktionsgruppen, ein anderer Teil aus entfernteren Gegenden eingesetzt wird – eine wichtige Rolle spielen. Aber darüber hinaus ist die Familie die Instanz, die den Alltag bestimmt.

Der Alltag in den Städten

Ganz anders ist es in den Städten. Dort ist neben der Arbeit der Bereich des Alltagslebens in sehr viel stärkerem Maße mit dem Betrieb verknüpft, in dem man beschäftigt ist. Die Arbeit ist gleichsam das Zentrum, von dem alles andere ausgeht. Zunächst zur Arbeit selbst: Egal, um welche Art von Arbeit es sich handelt, der einzelne steht in einem relativ festen Zusammenhang mit seiner Gruppe. Im Industriebetrieb zum Beispiel stellt die sogenannte Arbeitsgruppe *(xiao zu)* für den Arbeiter dieses Kollektiv dar, das über den Gruppenleiter mit der nächsthöheren Ebene verbunden ist. Jedes Kollektiv, jede Gruppe ist eingebettet in ein streng hierarchisches System, in dem jede Stufe genau abgegrenzte Kompetenzen hat. Je nach der gesamtpolitischen Lage ist dieses System durchlässiger oder weniger durchlässig, werden Kompetenzen und Entscheidungsbefugnisse stärker nach unten delegiert oder nicht. Dieses sich pyramidenartig aufbauende System gipfelt in dem obersten Leitungsgremium, das nach unten die Verfügungsgewalt hat, aber der nächsthöheren Ebene gegenüber, sei es das Stadtkomitee oder ein staatliches Büro, weisungsgebunden ist.

Auf der einen Seite besteht ein sehr hohes Maß an sozialer Sicherheit – seinen Arbeitsplatz verliert man nur dann, wenn man Handlungen begeht, die als kriminell oder landesverräterisch eingestuft werden –, geringe Arbeitshetze, ein mit zunehmendem Alter ansteigendes Lohnniveau, das allerdings nach fachlicher Differenzierung stark gestaffelt ist (Hilfsarbeiter, Facharbeiter, Techniker, Ingenieur, leitender Verwaltungskader), Alterssicherheit in Form von Rente, die etwa 60 bis 70 Prozent des letzten Gehalts ausmacht. Auf der anderen Seite besteht eine äußerst geringe Mobilität, das heißt geringe Möglichkeit, den Arbeitsplatz zu wechseln (es sei denn, man wird versetzt), fast keine Rotation am Arbeitsplatz, eine nicht minder große Monotonie am Arbeitsplatz wie bei uns, ein im Vergleich zu früher zwar unvergleichlich viel besserer, aber insgesamt gesehen noch immer unzureichender Arbeitsschutz. Materielle Anreize zur größeren Arbeitsmotivation spielen zeitweilig eine geringere, zeitweilig eine größere Rolle,

ganz entfallen sind sie jedoch nie. Im Gegensatz zur Arbeitsrege-
lung auf dem Land ist der Achtstundentag die Norm und ein Tag
in der Woche frei (es muß nicht unbedingt der Sonntag sein).

Anders als auf dem Land ist, wie schon gesagt, die stärkere Verwaltung der frei verfügbaren Zeit und zahlreicher halbprivater Bereiche durch den Arbeitsplatz. Sei es eine Fabrik, in der man arbei-
tet, ein Kaufhaus oder Ministerium, eine Universität oder ein
Krankenhaus – die meisten Fragen, die man bei uns gewohnt ist,
individuell mit diversen Instanzen und Amtsstellen zu behandeln,

«Eine Ölraffinerie in der Morgensonne»,
Holzschnitt von Sui Guimin, Sägearbeiter
aus Lüda.

gehören in China in den Zuständigkeitsbereich der Leitung der
Arbeitseinheit, in der man beschäftigt ist.

Das betrifft die Fragen des Wohnens und der Krankheitsversor-
gung ebenso wie Fragen der Rechtsprechung und allgemeinen Sicherheit und in gewissem Maße der Kindererziehung und Freizeit-
gestaltung.

Nehmen wir als Beispiel das Wohnen. Grund und Boden und
seine Bebauung sind im allgemeinen über die Stadt eine Sache des
Staates. Häuser im Privatbesitz gibt es zwar noch, aber da sie nur
mehr begrenzt weiter vermietet werden dürfen, die Reparaturko-
sten hingegen selbst aufgebracht werden müssen, ist der Anreiz
zum privaten Hausbesitz nicht mehr so groß. Ein großer Teil der

Wohnungen wird von der Stadt gebaut und verwaltet, ein weiterer Teil von den Arbeitseinheiten – chinesisch *danwei* – errichtet, entweder unmittelbar auf dem eigenen Gelände oder auf angrenzenden Grundstücken, zum Teil auch in anderen Stadtteilen.

Wohnungen in der Stadt sind insgesamt noch knapp, die Wohndichten ziemlich hoch und die Nachfrage deshalb sehr groß.

Eine Abteilung des Danwei ist zuständig für den Bau und die Instandhaltung der betriebseigenen Wohnungen und entscheidet über die Anträge der Mitarbeiter, die eine Wohnung brauchen. Es gibt auch städtische Wohnungsämter, verteilt auf einzelne Stadtbezirke, doch diese haben einmal sehr viel mehr Anträge zu bearbeiten, zum andern braucht man, wenn man bei ihnen eine Wohnung beantragt, einen Empfehlungsbrief seiner Einheit.

Auch die Gesundheitsversorgung läuft in den meisten Fällen über den Arbeitsplatz. Fast jedes Danwei hat eine Ambulanz, in der leichtere Krankheiten behandelt werden können. Ist der Fall ernster, wird der Patient von der Ambulanz an das Krankenhaus weiter vermittelt, das für die Beschäftigten dieser Arbeitseinheit zuständig ist. Die Ambulanz des Danwei, die um so größer und besser ausgestattet ist, je größer der Betrieb ist – große Einheiten wie Fabriken mit mehr als 5000 Beschäftigten haben darüber hinaus oft eigene Krankenhäuser –, ist auch verantwortlich für Hygienekampagnen, Vorbeugung von Krankheiten wie etwa das Impfen der Kinder, für Familienplanung, zum Beispiel die Abgabe von Verhütungsmitteln (die nur an Verheiratete ausgegeben werden) oder die Beratung bei Schwangerschaftsabbrüchen.

Fragen wie Eheschließung und Scheidung, Familienstreitigkeiten oder der Wunsch, den Arbeitsplatz zu wechseln, gehören auch in erheblichem Maße in den Zuständigkeitsbereich der Arbeitseinheit. Zwar gibt es ein Standesamt und ein Arbeitsamt, dennoch wird vieles, bevor es vor die zuständigen Ämter gelangt, schon in der Arbeitseinheit von dafür zuständigen Abteilungen oder Personen «geklärt», wie auch immer diese Klärung aussehen mag.

Straftaten, die am Arbeitsplatz oder auch außerhalb der Arbeitseinheit von Mitarbeitern begangen wurden, werden von den Sicherheitsorganen des Danwei in Zusammenarbeit mit der örtlichen Polizei untersucht und, wenn es sich um kleinere Delikte handelt, von der Arbeitseinheit selbst geahndet.

Die Frage der Kindererziehung ist in gewisser Beziehung ebenfalls von Entscheidungen des Arbeitsplatzes abhängig. Das beginnt mit der Frage der Kinderzahl in einer Familie – die Arbeitseinheit versucht in der Weise zu intervenieren, daß nicht mehr als zwei Kinder pro Familie geboren werden –, betrifft aber vor allem Unterbringung und Erziehung der Kinder im Vorschulalter in den betriebseigenen Kindergärten. (Als Ideal gilt heute die «demokratische, harmonische, einige, auf die Produktion konzentrierte» Familie.)

Berufliche Fortbildung und politische Schulung ist überwiegend eine Sache der Arbeitseinheit. Wichtige politische Ereignisse wie Parteitage oder der Nationale Volkskongreß werden auf Vollversammlungen der Belegschaft mitgeteilt und entsprechend den Leitartikeln in den wichtigsten Zeitungen kommentiert. Außerordentliche Sitzungen können jederzeit einberufen werden, etwa eine Sitzung, auf der Verbrecher vorgestellt und angeklagt werden oder auf der die Rede eines Vertreters von Partei und Staat verlesen wird. Kritikkampagnen, die die Verurteilung einer bestimmten Linie oder bestimmter politischer Persönlichkeiten zum Inhalt haben, werden innerhalb der Danweis organisiert, auch das Schreiben von Wandzeitungen.

Solche Veranstaltungen können in die Arbeitszeit fallen, aber auch nach der Arbeit stattfinden.

Über die Freizeit der Mitarbeiter kann, abgesehen von den genannten Sitzungen und Kritikbewegungen auch in der Weise verfügt werden, daß Sonderschichten eingelegt werden oder die Arbeitseinheit zum Ernteeinsatz aufruft.

Noch in anderer Weise kann die Arbeitseinheit Einfluß auf den Freizeitbereich nehmen. Will man eine andere Arbeitseinheit besuchen, sei es, daß man die dortige Bibliothek benutzen oder bestimmte Informationen einholen möchte, sei es, daß man einen Bekannten in der Arbeitspause besuchen will, so braucht man im allgemeinen ein Empfehlungsschreiben seines eigenen Danwei mit einer Billigung bzw. Begründung des Besuchs. Ohne dieses Empfehlungsschreiben gelangt man mit großer Wahrscheinlichkeit nicht an sein Ziel, da die meisten Danweis, vor allem Fabriken, Universitäten, Verwaltungseinheiten, mit einem Wächterhäuschen versehen sind, von dem aus die Herein- und Hinausgehenden kontrolliert werden können.

Auch Urlaubsreisen müssen vom Arbeitsplatz aus genehmigt werden; wieder braucht man einen Empfehlungsbrief, der einen während der Reise ausweist, etwa wenn man in einem Hotel absteigen will oder wenn man sich, bleibt man länger an einem Ort, bei der lokalen Polizeistelle anmeldet. Eine einheitliche Kennkarte gibt es übrigens heute in China nicht, dafür einen Ausweis der Arbeitsstelle.

Getreidemarken, die man beim Kauf von Reis, Mehl, Gebäck usw. abgeben muß, Baumwollmarken für alles, was aus Baumwolle ist, Industriemarken, ohne die man Konsumgüter wie Fahrräder, Uhren oder Transistorradios bestimmter Marken nicht bekommen kann, werden meistens über die Arbeitsstelle ausgegeben.

Da die Wohnungen noch selten Bäder oder Duschen haben, auch noch nicht immer Wasseranschluß, ist es auch Sache der Einheit, wie viele Badehäuser sie unterhält, zu welchen Zeiten heißes Wasser vorrätig ist (nicht nur zum Duschen, auch für die Thermosflasche, eines der wichtigsten Utensilien des Tagesablaufs) oder wie gut und abwechslungsreich das Essen in der Betriebskantine ist.

Auch diejenigen, die sich nicht in einem festen Arbeitsverhältnis befinden, nämlich Rentner und Hausfrauen, stehen in einem festen Organisationszusammenhang.

Es sind die sogenannten Straßenkomitees (entsprechend den ländlichen Volkskommunen oberste Basiseinheit und unterste staatliche), untergliedert in Einwohnerkomitees, die einmal zuständig sind für die Entstehung und Betreuung von kleineren Produktionsstätten, in denen ein Teil der bis dahin nicht arbeitenden Bewohner des Viertels beschäftigt werden und die darüber hinaus die Aufgabe haben, für eben jene Einrichtungen zu sorgen, für die sonst die Danweis zuständig sind: Krankenstationen, Badehäuser, Reparaturwerkstätten, Weiterbildungsmöglichkeiten, Einrichtungen für die politische Schulung usw.

Es sei hier angemerkt, daß in bestimmten Phasen entsprechend der jeweiligen ökonomischen und politischen Situation die Kompetenzen der Arbeitseinheiten größer oder kleiner sind. So erhielt man 1973 bis 1975 sogar die Eintrittskarten für Opern- und Kinovorstellungen und Sportveranstaltungen über die Arbeitseinheit, was heute nicht mehr der Fall zu sein scheint; auch Kontakte zwischen verschiedenen Arbeitseinheiten mögen heute leichter sein.

Die Problematik der Danweis

Angesichts der Fülle von Kompetenzen, die die Arbeitseinheiten in allen wichtigen Fragen des alltäglichen Lebens haben, stellt sich nun die Frage nach den Vor- und Nachteilen dieser Organisationsstruktur.

Als wir in China zu arbeiten begannen, sahen wir zunächst mehr die Vorteile. Es erschien uns ungeheuer positiv, daß die Menschen in China sich nicht in wichtigen und weniger wichtigen Fragen der Bedürfnisbefriedigung weitgehend anonymen bürokratischen Instanzen hilflos ausgeliefert sehen, wie das bei uns der Fall ist angesichts der Versicherungsgiganten, einer zwar technisch immer perfekteren, aber menschlich immer unbefriedigenderen und eher krank machenden medizinischen Betreuung, angesichts des Paragraphenwusts, der einen in jedem Lebensbereich erst einmal davon abschreckt, aktiv zu werden; sondern daß sie sich in allen Fragen an ihre Arbeitseinheit wenden können, die einigermaßen überschaubar für sie ist, daß es Menschen sind, die sie kennen, welche die Wünsche und Anträge entgegennehmen, daß ihnen mühsame und zeitraubende Gänge erspart bleiben und sie gleichsam alles neben der Arbeit erledigen können.

Außerdem war uns klar, daß diese Organisationsstruktur eine ökonomische Notwendigkeit war, sozusagen aus der Not heraus geschaffen wurde, weil der Staat nicht die Mittel hatte, über aufwendige zentral gelenkte Einrichtungen bestimmte Bedürfnisse zu befriedigen; das mußte ohne großen finanziellen Aufwand auf lokaler Ebene geleistet werden.

Im Lauf der Zeit wurden uns jedoch auch die Gefahren eines solchen Systems immer deutlicher, und zwar wurde uns klar, daß die Verquickung von Zuständigkeiten der Leitung für den unmittelbaren Arbeitsbereich und darüber hinaus für die Bereiche der alltäglichen Bedürfnisbefriedigung eine schwerwiegende Abhängigkeit der Werktätigen von der Leitung schafft, geringere Kontaktmöglichkeiten nach außen und dadurch bedingt geringe Chancen, sich mit Beschwerden außerhalb der Einheit Gehör zu verschaffen und was besonders hervorzuheben ist: eine verminderte Bereitschaft bewirkt, gegen Mißstände am Arbeitsplatz zu kämpfen.

Wenn man gerade eine neue Wohnung beantragt hat oder sein Kind im betriebseigenen Kindergarten unterbringen möchte, in dem die Plätze vielleicht beschränkt sind; wenn man gern ein drittes Kind hätte, ohne die Hilfen entbehren zu müssen, die einem fürs erste oder zweite Kind zustehen; wenn man gern seinen Arbeitsplatz wechseln würde, weil der Ehepartner in eine andere Gegend versetzt wurde; wenn man gern eine Reise in eine entfernte Stadt angetreten hätte, um dort jemanden zu besuchen: dann wird man mit Sicherheit der Leitung gegenüber, die darüber entscheidet, mit Vorsicht operieren, um die Genehmigung dieser Anträge nicht aufs Spiel zu setzen.

Die Leitung der Einheit, der die Abteilungen unterstehen, die sich mit den genannten Fragen befassen, hat jederzeit die Möglichkeit, den aufmüpfigen Mitarbeiter unter Druck zu setzen, wenn er etwa Maßnahmen der Leitung anprangert, durch die die Interessen der Arbeiter eingeschränkt werden, wenn er zu Kampfmaßnahmen gegen ein zu rigides Arbeitskontrollsystem, gegen allgemeine Bevormundung oder gegen die Monotonie am Arbeitsplatz aufruft, wenn er mehr Lohn fordert, unbezahlte Überstunden verweigert oder gar einzelne Vertreter der Leitung der Unfähigkeit oder der Korruption bezichtigt. Unter Druck gesetzt werden kann ein solcher Mitarbeiter (und damit eine ganze Gruppe, die die gleichen Forderungen hat) allein dadurch, daß man seine Anträge ruhen läßt oder mit fadenscheinigen Begründungen ablehnt.

Die Führung durch die Kommunistische Partei

Wenn wir bisher einfach «Leitung» sagten, so meinten wir damit die Kommunistische Partei, denn sie ist es, die auf allen Ebenen die Führung hat. Parteikomitees leiten die Fabriken und Straßenkomitees, die Universitäten und Krankenhäuser, die Volkskommunen und Städte, die Kreise und Provinzen, die Ministerien und die Armee. Die Partei durchdringt in vertikaler und horizontaler Richtung alle ökonomischen und gesellschaftlichen Bereiche – nicht nur über ihre eigene Organisation, deren höchstes Gremium das Politbüro ist und deren unterste Ebene, die Zellen, in die Basis hineinreichen, sondern auch über Gruppen und Massenorganisationen wie Gewerkschaften, Jugendliga, Frauenverband, Verband armer und unterer Mittelbauern.

Neben der Kommunistischen Partei gibt es zwar noch sogenannte bürgerlich-demokratische Parteien, aber sie spielen nur eine untergeordnete Rolle und unterstehen der Kommunistischen Partei. Schließlich untersteht der Staat der Partei. Die Vertreter von Partei und Staat sind auf allen Ebenen weitgehend personell identisch.

Will man ein so großes, bevölkerungsreiches Land wie China in einer Einheit zusammenhalten und in möglichst kurzer Zeit aus der Unterentwicklung herausführen, das heißt wichtige Entscheidungen wie neue Anbaumethoden, neue Systeme zur Be- und Entwässerung, technische Neuerungen popularisieren und bis in die entferntesten Winkel verbreiten; soll dafür gesorgt sein, daß Dürre oder Überschwemmungen in bestimmten Gegenden nicht zu Hungerkatastrophen werden, indem rechtzeitig auf lokaler wie nationaler Ebene Getreidespeicher angelegt bzw. Umverteilungen vorgenommen werden; soll gewährleistet sein, daß die Industrien aufgebaut werden, welche die am dringendsten benötigten Güter herstellen, und daß die Investitionen im richtigen Verhältnis der Industrie und der Landwirtschaft zufließen; soll erreicht werden, daß durch Erziehung jedermann Zugang zu Wissen hat, so rudimentär es auch sei, und keine allzu krassen Ungleichgewichte geschaffen oder bereits vorhandene verstärkt werden – braucht es eine effektive, zentral geleitete Organisation, die breit verankert ist und die Möglichkeit hat, gleichzeitig überall und schnell initiativ zu werden.

Eine Partei in der Art der KPCh scheint die Organisation zu sein, die das am besten leisten kann.

Auf der anderen Seite stellt sich jedoch die Frage, ob eine Partei, die keine institutionalisierte Opposition hat und duldet, die nicht nur alle Schlüsselbereiche, sondern auch die weniger wichtigen kontrolliert und selbst keiner fest etablierten, unabhängigen Kontrollinstanz Rechenschaft schuldig ist (da auch die Massenorganisationen wie etwa die Gewerkschaft in Personalunion mit ihr verflochten und ihr gegenüber weisungsgebunden sind, die Gewerkschaft gleichsam als «Transmissionsriemen» der Partei fungiert und nicht als Interessenvertreter der Arbeiter), und die außerdem das gesamte Informationswesen in Inhalt und Form bestimmt – ob eine solche Partei noch in der Lage ist, der Bevölkerung den Freiraum zur Verfügung zu stellen, den sie braucht, um Initiativen entfalten und ihre Interessen vertreten zu können.

In der Verfassung heißt es zwar: «Die Bürger genießen Freiheit der Rede, der Korrespondenz, der Publikation, der Versammlung, der Koalition, von Straßenumzügen und Protestdemonstrationen sowie des Streiks…» (Art. 45).

Aber wäre es denkbar, daß zum gegenwärtigen Zeitpunkt Protestdemonstrationen stattfänden gegen die Einstellung der Wirtschaftshilfe an Vietnam? oder eine neue Partei gegründet wird von einer Gruppe von Leuten, die eine andere Wirtschafts- und Außenpolitik propagierten? oder daß ein Teil der Belegschaft eines großen Industriebetriebs eine Versammlung einberuft, ohne daß sie von der Partei (bzw. Gewerkschaft) organisiert ist? oder daß sich eine Gruppe konstituiert, die laut und öffentlich das Einparteiensystem in Frage stellt oder darüber diskutieren möchte? — Ganz sicher nicht, und wenn doch der Versuch dazu unternommen würde, würde das als parteifeindlich verurteilt. Denn in der Verfassung steht auch (Art. 56): «Die Bürger müssen die Führung durch die Kommunistische Partei Chinas unterstützen, die sozialistische Gesellschaftsordnung unterstützen», denn «die Kommunistische Partei Chinas ist der führende Kern des ganzen chinesischen Volkes. Die Arbeiterklasse führt den Staat durch ihre Vorhut, die Kommunistische Partei Chinas» (Art. 2).

Also Rede- und Pressefreiheit ja, aber nur, wenn sie sich nicht gegen die Kommunistische Partei wendet, wenn die Kritik am Bestehenden oder die von den offiziellen Interpretationen und Einschätzungen abweichenden Standpunkte in dem von der Partei bestimmten Rahmen geäußert werden. Es ist nicht schwer, sich vorzustellen, wie leicht hier Mechanismen wirksam werden, die Kritik an der Partei mit Parteifeindlichkeit gleichsetzen und damit die Möglichkeit liefern, jegliche Kritik an der Partei abzuwürgen, denn in der Regel ist es die Partei, die darüber befindet, ob die Kritik berechtigt oder ob sie konterrevolutionär ist. Die gewaltige, überwiegend spontane Demonstration auf dem Tian'anmen im April 1976 zu Ehren Zhou Enlais und gegen die heute als «Viererbande» bekannte Gruppierung in der Partei wurde vom Pekinger Parteikomitee aufgelöst und als konterrevolutionärer Zwischenfall abgetan.

Partei und Intelligenz

Innerhalb der Beziehung Partei–Massen ist das Verhältnis, das zwischen der Partei und der Intelligenz besteht, durch besondere Probleme gekennzeichnet.

Die Kategorie Intelligenz ist schwer faßbar, läßt sich auch nicht eindeutig von der Partei abgrenzen, da die Parteikader selbst zu einem großen Teil der Intelligenz zuzurechnen sind. Dennoch läßt sich – global – von einem besonderen Verhältnis Partei–Intelli-

Drei Leserbriefe aus der Hundert-Blumen-Bewegung

«Ich habe den Eindruck, daß es keinen größeren Abstand geben kann als den zwischen der Partei und den Massen, wenn man den jetzigen Zustand mit dem Zustand vor der Befreiung vergleicht… Wenn ein akuter Mangel an Schweinefleisch eintritt und gewöhnliche Leute keines kriegen können… wer hat dann einen höheren Lebensstandard? Die Parteimitglieder und Funktionäre, die früher ausgetretene Schuhe trugen und heute in Salonwagen daherfahren und wollene Uniformen tragen… Wo ist das ganze Schweinefleisch geblieben? Die Knappheit ist dadurch entstanden, daß man vom richtigen Weg abgewichen ist, indem man den Leuten im Rahmen der Planung Getreidekäufe und Verkaufsvorschriften aufgezwungen hat, die dem einfachen Mann die Lust nehmen, Schweine zu züchten…

China gehört 600 Millionen Menschen einschließlich der Konterrevolutionäre und nicht nur der Kommunistischen Partei… Wenn Ihr vernünftig weitermacht, soll es uns recht sein. Wenn nicht, werden Euch wohl die Massen verprügeln, die Kommunisten töten und Euch stürzen.»

Leserbrief eines Dozenten der chinesischen Volksuniversität, abgedruckt in der Pekinger Volkszeitung am 31. 5. 1957, aus E. SNOW, «Gast am anderen Ufer», S. 407 f.

(nächste Briefe siehe folgende Seiten)

genz sprechen, einem Verhältnis, das nicht konstant ist, sondern sich im Lauf der Zeit ändert, das aber stets ein gewisses gegenseitiges Mißtrauen beinhaltete.

Das Mißtrauen von seiten der Intelligenz ergibt sich daraus, daß ihre Entscheidungen und Initiativen von einzelnen Parteivertretern aufgrund ihrer politischen Macht jederzeit hinausgezögert oder ganz abgeblockt werden können aus Gründen der Inkompetenz, Trägheit oder Angst vor der damit verbundenen Verantwortung und daß ihr in Krisenzeiten nicht selten die Schuld an den Mißerfolgen zugeschoben wird: die Krise sei ihr Werk, weil es ihr an «proletarischem Bewußtsein» gefehlt und sie versucht habe, den «Kapitalismus wiederherzustellen».

Für die Partei wiederum stellt die Intelligenz eine gewisse Bedrohung dar, weil sie Beweglichkeit im Denken und Fachwissen besitzt, wodurch sie der Kontrolle der Partei in gewisser Weise entzogen ist. Durch ihren Kenntnis- und Bildungsstand ist sie außerdem in der Lage, Fehlentscheidungen und Manipulationen der Partei leichter als andere Bevölkerungsgruppen zu durchschauen.

Es gibt für die Partei verschiedene Mittel, dieser Gefahr zu begegnen. Entweder versucht sie, Teile der Intelligenz zu integrieren, indem sie ihr wichtige Parteiämter anbietet und Privilegien verschafft, oder sie wendet das Mittel der Einschüchterung an.

In den fünfziger Jahren wurde eine entscheidende Weiche für das Verhältnis von Partei und Intelligenz gestellt. Der 20. Parteitag der KPdSU im Februar 1956 mit der Rede Chruschtschows zu Stalin und etwas später die Erhebungen in Polen und Ungarn führten dazu, daß die Kommunistische Partei Chinas, insbesondere Mao, die Gefahr erkannte, die die wachsende Kluft zwischen Partei und Massen für das System bedeutete. Maos am 2. Mai 1956 auf einer zunächst geheimgehaltenen Obersten Staatskonferenz ausgegebene Parole «Laßt hundert Blumen blühen, laßt hundert Schulen miteinander wetteifern» leitete einen Liberalisierungsprozeß ein, der allerdings erst im Jahr darauf die Schleusen der aufgestauten Bitterkeit gegen die Partei öffnete – ein Jahr später erst deshalb, weil die Intellektuellen selbst sich vorsichtig und abwartend verhielten und innerhalb der Partei ein starker Widerstand gegen die «hundert Schulen» vorhanden war.

Der Unmut gegen die Partei äußerte sich nicht nur in Kritik am Arbeitsstil der Partei, sondern richtete sich auch gegen die Partei als alles beherrschende Institution selbst. Eine solche Kritik konnte von der Partei nicht akzeptiert werden, denn sie fühlte sich durch sie existentiell bedroht. Dem Blühen und Streiten wurde schnell ein Ende gesetzt, und das, was eine Berichtigung des Arbeitsstils der Partei bewirken sollte, wurde nun zur sogenannten Anti-Rechts-Bewegung, zur Kritik und Verurteilung jener, die nach Ansicht der Partei in ihrer Kritik zu weit gegangen waren. Viele «Kritiker» verloren ihre Posten, ihnen wurden die Bürger-

«Während der Kampagne zur Bekämpfung der Konterrevolutionäre im Jahr 1955 wurde eine unermeßliche Zahl von Bürgern im ganzen Land von ihren eigenen Einheiten, bei denen sie arbeiteten, in Haft gehalten. (Ich selbst gehörte nicht dazu.) Viele von ihnen starben, weil sie die Auseinandersetzungen [Denkreform] nicht aushalten konnten... Das ist Tyrannei! Das ist böswilliges Verhalten!... Artikel über Menschenrechte sind zu einer Art Schaufensterpropaganda geworden, mit der die Leute getäuscht werden sollen... Ich gebe zu, daß in den sieben Jahren [seit der Revolution] die Leistungen und Erfolge überwiegen. Dennoch möchte ich zu dem Einzelproblem unseres Verhaltens gegenüber der Intelligenz sagen, daß unsere Politik ein Fehlschlag war. In den letzten Jahren... gab es unzählige Angehörige der Intelligenz, die lieber starben, indem sie von hohen Gebäuden sprangen, sich in Flüssen ertränkten, Gift einnahmen, sich den Hals durchschnitten oder andere Selbstmordmethoden anwandten...»

Brief eines unbekannten Buchhaltungslehrers aus Hankou an Mao Tsetung, ebenda, S. 412

rechte entzogen oder sie kamen in Zwangsarbeitslager. Ihr ganzes weiteres Leben haftete ihnen das Odium des «Volksfeindes» an.

Die Hundert-Blumen-Bewegung wurde so für viele zu einer traumatischen Erfahrung. Sie lehrte, daß Offenheit sich nicht auszahlte. Was blieb, war die Möglichkeit zum Widerstand durch Passivität oder die Anpassung oder die Suche nach neuen Formen des Widerstands. Die Formen der Auseinandersetzung wurden immer komplizierter, und es wurde immer schwieriger, auszumachen, wo der einzelne politisch stand.

«Wir wagen, die Worte des Konfuzius mit Füßen zu treten», Holzschnitt von Xi A'xing, Dong Lianbao und Wang Chunyan.

«Die Unterdrückung der Konterrevolutionäre war nötig und zu ihrer Zeit angebracht, aber es wurden dabei zu viele Menschen getötet ... Viele waren militärisches oder politisches Personal des sogenannten Mandschukuo und Guomindangangehörige oder Grundbesitzer, aber sie hatten keine verabscheuungswürdigen Verbrechen begangen ... Der Grund für die Fehler der Kampagne zur Aushebung der Konterrevolutionäre ist inmitten der Partei selbst zu suchen ... Jetzt, wo die Partei eine privilegierte Stellung hat, sind überall mittelmäßig begabte Parteimitglieder in hohen Stellungen zu finden. Alte Parteimitglieder vergessen, wie einst für Staat und Volk zu wirken, lieben Schmeicheleien und hassen jede Kritik ... Die Presse singt ein einstimmiges Loblied auf ihre Verdienste und auf ihre Tugend ... Wie zwei Papierblumen dekorieren der Nationale Volkskongreß und die Beratende Versammlung des Volkes die Fassade

In der ersten Hälfte der sechziger Jahre wurde die Intelligenz insgesamt wieder aufgewertet, es wurden ihr mehr Kompetenzen übertragen – aus Gründen, die schon im Zusammenhang mit dem Scheitern des Großen Sprungs genannt wurden. Prestige und Ansehen und materielle Privilegierung stiegen proportional zu den akademischen Graden.

Mit der Kulturrevolution trat erneut eine Wende ein. Neben den sogenannten «Parteimachthabern, die den kapitalistischen Weg gingen», allen voran der Staatspräsident Liu Shaoqi und der Generalsekretär der Kommunistischen Partei, Deng Xiaoping, waren es wieder die Intellektuellen – Hochschullehrer (auch Grund- und Mittelschullehrer), Wissenschaftler, Künstler –, gegen die sich der Kampf richtete.

Während die Parteikomitees ab 1969/70 als Leitungsgremien in den Einheiten wieder eingesetzt wurden, blieben unzählige Intellektuelle weiterhin die Zielscheibe der Kritik.

Neue Kräfte innerhalb der Partei hatten sich mit der Kulturrevolution durchgesetzt, die, da sie selbst fachlich weitgehend inkompetent waren, die Konkurrenz und vor allem die Entlarvung ihrer eigenen Inkompetenz von seiten der Intellektuellen fürchten mußten. Die Intelligenz wurde in Bausch und Bogen als bürgerlich und reaktionär denunziert und konnte sich nur durch völlige Passivität und Abwarten massiven Repressionen entziehen.

Erst mit der sich in Etappen und für die meisten im verborgenen vollziehenden Ablösung jener Gruppierungen in der Partei, die maßgeblich an der Kulturrevolution beteiligt waren und danach wichtige Ämter unter ihre Kontrolle gebracht hatten (die letzte

«Vorschläge aus den Massen», Holzschnitt von Ye Xin.

Etappe war der Sturz der «Viererbande»), gingen die Anschuldigungen gegen die Intellektuellen zurück, wurden sie wieder dazu aufgefordert, sich voll ihrem Fachgebiet zuzuwenden (wofür sie vorher scharf kritisiert worden waren), wurden sie wieder ein Teil des Volkes, der ganz wesentlich zum Aufbau der neuen Gesellschaft beiträgt.

Diese neue Wendung gegenüber den Intellektuellen durch die Partei bzw. durch jene Parteifraktion, die, nachdem sie in der Kulturrevolution gestürzt oder zurückgedrängt worden war, sich nun wieder an der Macht befand, war nicht einfach eine großzügige Geste, sondern erwies sich als absolute Notwendigkeit, da es offensichtlich zu Engpässen und Problemen in Produktion, Wissenschaft und Lehre gekommen war.

Innerparteiliche Beziehungen

Das autoritär-paternalistische Verhältnis, das zwischen Partei und Massen besteht, wiederholt sich in gewisser Weise innerhalb der

der Demokratie… Alle wie auch immer gearteten wichtigen Fragen werden von sechs Personen entschieden [dem Ständigen Ausschuß des Politbüros]… Das Schicksal von 600 Millionen Menschen hängt vom Federstrich dieser sechs Menschen ab. Und wie sollen diese die wahre Situation kennen? Bestenfalls können sie den Gelben Fluß besichtigen und über den Jangzi fahren. Selbst wenn sie mit den Bauern sprächen, würden ihnen diese nicht die Wahrheit sagen und dürften nur sagen: ‹Der Vorsitzende Mao ist ein großer Mann!›… Seit der Gründung der Republik ist es noch nie vorgekommen, daß sich die Partei öffentlich selbst kritisiert hat… Der Nationale Volkskongreß sollte ein Organismus werden, der echte Macht ausüben kann…»

Aus einem Leserbrief, abgedruckt in der Tageszeitung von Shenyang am 11. 7. 1957, ebenda, S. 409 f.

153

Partei, nämlich zwischen Parteibasis und Parteispitze. Die Parteibasis ist angehalten, die Weisungen der höheren Ebenen in die Tat umzusetzen. Dabei steht sie vor verschiedenen Problemen. Auf der einen Seite muß sie sich bemühen, den Weisungen von oben genau zu folgen, um sich keiner Kritik auszusetzen. Da die Weisungen aber oft ziemlich allgemein gehalten sind, zum Teil, um der Basis den nötigen Spielraum zu ihrer Verwirklichung zu lassen, zögern die Kader an der Basis, sie in Eigenverantwortung den realen Verhältnissen anzupassen und damit zu verändern, da im Falle eines Mißerfolgs sie dafür zur Verantwortung gezogen werden.

Ein anderes Problem: In Zeiten, in denen die Machtverhältnisse innerhalb der Partei nicht geklärt sind, verhält man sich abwartend – «man», das sind vor allem die Kader der unteren Ebenen. Sie setzen sich nicht gern der Gefahr aus, die falsche Seite unterstützt zu haben und hinterher als Parteigänger des «bürgerlichen, revisionistischen» Lagers kritisiert zu werden. Hinzu kommt das innerhalb der Partei gestaffelte Informationssystem. Je nach Bedeutung der Information bleibt sie den oberen Parteirängen vorbehalten oder geht bis zur Provinz- oder Kreisebene bzw. Betriebsparteileitung oder bis hinab zum einfachen Parteimitglied der Zellen. Die Tatsache, daß jede Ebene immer ein bißchen weniger weiß als die nächsthöhere, schafft Unsicherheit und Abhängigkeit.

Ebenso wie die Gefahr besteht, daß – aus den bereits genannten Gründen – die Kommunikation zwischen Partei und Massen gestört ist, ebenso besteht die Gefahr einer gestörten Kommunikation zwischen Parteibasis und den höheren Parteiebenen. Das kann

Politische Kundgebung in einem nordchinesischen Dorf im Rahmen der Kritik an Lin Biao und Konfuzius, Zeichnung von 1974.

154

bedeuten, daß die Parteibasis nicht mehr den realen Stand der Dinge nach oben weitergibt, sondern das, was man auf den höheren Ebenen erwartet. Ein anschauliches Beispiel dazu gab uns einmal ein stellvertretender Leiter einer Peking benachbarten Volkskommune. In seiner offenen und herzlichen Art, die typisch ist für die meisten Bauernkader, erzählte er uns, was er als Brigadeleiter einst Mao auf seine Fragen antwortete, als dieser Ende 1958 seine Volkskommune besuchte (wobei allerdings zu berücksichtigen ist, daß es sich um die Zeit des Großen Sprungs handelt):

«Der Vorsitzende Mao besichtigte die Versuchsweizenfelder und fragte, wieviel Dünger wir verwendeten. Ich sagte, ‹320 000 jin Dünger für die 8 Mou›, was gelogen war. Er fragte: ‹Wieviel jin erntet ihr pro Mou?› Ich antwortete: ‹2000 jin›. Mao: ‹2000 jin? Das ist ein guter Plan für die Zukunft.› Damals gaben wir an und sprachen große Worte. Unser Ertrag auf den Versuchsfeldern war noch lange nicht 1000, geschweige denn 2000 jin. Warum verhielten wir uns so und logen? – Bevor der Vorsitzende uns besuchte, hatten wir einmal eine große Versammlung im Tiantan-Park. Es sprach Peng Zhen (der damalige Bürgermeister von Peking), der von uns verlangte, daß wir unbedingt soundsoviel Saatgut säen und soundsotief pflügen müßten. Als Mao uns die Fragen stellte, dachten wir nicht, sondern sagten einfach all das, was von uns verlangt wurde und was die oberen Leiter vorgegeben hatten. Mao fragte, wieviel Süßkartoffeln wir ernteten. Ich antwortete: ‹4000 jin pro Mou.› Mao fragte: ‹Wie ist das möglich?› Ich: ‹Erst pflügen wir die Erde ganz tief, dann säen wir, und schließlich pflanzen wir die Kartoffeln um.› Das war alles enorm übertrieben. Mao fragte: ‹Wieviel Weizen sät ihr pro Mou?› – Ich: ‹Manchmal 50, 60, 70 jin, manchmal auch 320.› Mao antwortete: ‹Das ist doch ganz unmöglich!› Tatsächlich stimmte das auch gar nicht. Allerdings hatten wir die Felder einmal auf Weisung von oben mit 320 jin Saatgut bestellt. Das war ein Fiasko. Die Halme standen zu dicht und konnten nicht wachsen. Wir schnitten die Blätter an den Halmen ab und hatten trotzdem fast keine Ernte.

Auch das Tiefpflügen darf man nicht übertreiben. Dadurch kam die schlechte Erde nach oben und die gute Erde verschwand nach unten. Bei der Erdnußernte, wo wir einmal besonders tief gepflügt hatten, nahm ein Bauer eine Staude in die Hand und fragte: ‹Wo sind die Erdnüsse?› Mao fragte auch: ‹Tragt ihr viel mit der Tragstange?› – Ich: ‹Nein, es gibt niemand mehr, der mit Tragstangen trägt. Wir haben 240 Pferdewagen.› Aber natürlich trugen wir noch mit Tragstangen.»

Innerparteiliche Auseinandersetzungen

Die Partei ist kein monolithischer Block, in dem es Interessenkonflikte nur aufgrund der vertikalen Hierarchie gibt. Parteiinterne

Fortsetzung Seite 185

157 Beim Studium einer Wandzeitung in Jilin. Die Wandzeitungen in den Betrieben wie auf der Straße sind auch nach Beendigung der Kulturrevolution ein wichtiges Medium zur Verbreitung betrieblicher, lokaler und regionaler Nachrichten geblieben.

158 Oben: Lastrad in Tianjin.
Unten: Auf dem Weg zur Arbeit in Changchun.

159 Zwei Dutzend von zwei Millionen Radfahrern in Peking auf der Changan-Allee.

160 Ausflugsampan auf dem Ostsee bei Wuhan.

161 Oben: Nur noch ein verschwindend kleiner Teil des lokalen Handels findet zwischen Privatleuten statt wie hier in Jilin.

Unten: Blechbiegearbeiten in einer kleinen Fabrik für Motorrikschas in Shijiazhuang.

162 In einer Textilfabrik in Shijiazhuang.

163 Die «Generatorenfabrik Nummer Fünf» in Peking.

165 Wandzeitungen in der Schwermaschinenfabrik in Peking.

166 Die Versorgung Pekings mit Lebensmitteln wird von den umliegenden Kommunen sichergestellt. Hier – Chinakohl.

167 In der Altstadt von Kanton.

168 Akupunkturübungen in der
169 Schule – und die Anwendung bei einer Schilddrüsenoperation.

171 Morgendliches Schattenboxen in Tianjin (170) und in Schanghai.

172 Zur privaten Freizeitgestal-
173 tung steht in China ein Tag in der Woche zur Verfügung, allerdings nicht immer der gleiche. Das Photographieren gehört mit zu den beliebtesten Beschäftigungen. Private Reisen gelten vor allem dem Besuch von nahen Verwandten.

174 Oben: Der offizielle Photograph in Shaoshan.
Unten: Die Dolmetscherin Frau Tsung und eine alte Dame.

175 Oben: Der Vorsitzende einer Volkskommune.
Unten: Ein Mitglied einer Volkskommune und ein Professor an der Technischen Hochschule von Dalian.

177 Den Fremden gegenüber gilt in China noch immer eine unverhohlene, freundliche Neugier, die gelegentlich allerdings zu kleineren Verkehrsstörungen führt. Hier: Kinder in Changchun.

178 Eine junge Mutter, eine Schülerin, eine Studentin und eine Textilarbeiterin.

179 Gespannte Aufmerksamkeit beim Tischtennis.

180 Die meisten Kinder besuchen
181 heute die Schule. Die Ausbildung umfaßt nicht nur traditionelle Lehrfächer, sondern auch Grundkenntnisse in der Akupunktur, einfache gewerbliche Arbeiten wie Knöpfedrehen sowie militärische Übungen, etwa Gräben ausheben und Schießen.

182 Oben: Werkskindergarten in Changchun.
Unten: Schießübungen in einer Grundschule in Dalian.

183 Schulmädchen aus Dalian.

184 Jedes Schulkind in China lernt mit dem Rechenbrett, dem Abacus, zu arbeiten.

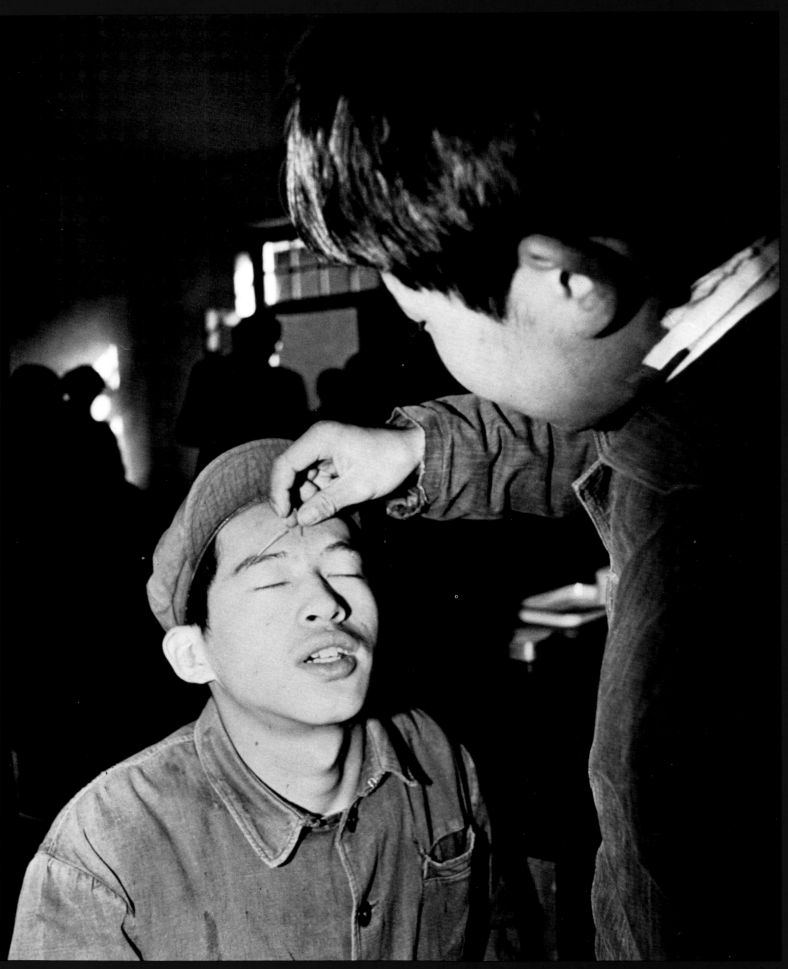

Auseinandersetzungen, Kämpfe, ausgeschaltete Fraktionen hat es sowohl vor wie nach der Befreiung zahlreiche gegeben. Sieht es auch aufgrund westlicher Presseberichte (und auch chinesischer) oft so aus, als handle es sich um reine Machtkämpfe, so stecken dahinter doch sehr handfeste Interessen um verschiedene ökonomische Strategien, Strategien optimaler Produktionssteigerung, außenpolitische Perspektiven usw.

Was jedoch erstaunt, ist die Art, wie diese Auseinandersetzungen geführt werden. Hält man sich an die westlichen und chinesischen Presseberichte, so glaubt man reine Palastintrigen vor sich zu haben.

Von Wang Guangmei, der Frau des ehemaligen Staatspräsidenten Liu Shaoqi, konnte man etwa lesen, daß sie nachts verkleidet und unter falschem Namen in die Hochburg der Kulturrevolution, die Qinghua-Universität in Peking, geschlichen sei, um dort ihre Kontaktleute zu treffen. Lin Biao, ehemaliger Verteidigungsminister und einer der großen Strategen des bewaffneten Kampfes während der Revolution, soll versucht haben, Mao umzubringen, und als es mißlang, sei er mit Frau und Sohn und engsten Vertrauten mit dem Flugzeug entflohen und in der Mongolei abgestürzt. Qiang Qing habe Maos Pflege vernachlässigt und dadurch seinen Tod beschleunigt. Die «Viererbande» habe Intrigen und Komplotte geschmiedet, um die Macht zu usurpieren, ein Zitat Maos gefälscht, um ein Testament zu ihren Gunsten vorzutäuschen.

Daß im Zuge dieser Auseinandersetzungen in der chinesischen Presse so oft von Verschwörungen und Intrigen gesprochen wird, ist nicht einfach eine Abrechnung des Stärkeren mit dem Unterlegenen. Konspiratives Vorgehen ist aufgrund alter Traditionen, aber auch aufgrund der inneren Parteistruktur ein notwendiges Mittel, seine Position zu festigen und Anhänger zu gewinnen, vor allem wenn man einen Standpunkt vertritt, der von dem der Mehrheit abweicht. Das betrifft sowohl Fraktionen, die sich an der Macht befinden, die aber eine nicht allzu gefestigte Position haben, wie die innerparteiliche Opposition (erst recht die Opposition außerhalb der Partei), die sich nicht offen äußern kann.

Wem es gelingt, die Schlüsselpositionen der Macht zu erringen, der wird (und kann) von da an seine Position als die einzig korrekte ausgeben, hinter der das ganze Volk, die ganze Armee und die ganze Partei steht. Wer sich dagegen stellt, muß, sofern er nicht selber genug Kräfte zu seiner Unterstützung mobilisieren kann, damit rechnen, als Renegat, Doppelzüngler, Machthaber, der den kapitalistischen Weg geht, Revisionist, Verräter gebrandmarkt zu werden. Er hat, ist er unterlegen, nicht die Möglichkeit, sich öffentlich dazu zu äußern, sich zu verteidigen. Es kann nicht ausbleiben, daß sich sehr bald unzählige Gerüchte um ihn bilden.

Methoden, den Gegner zu treffen, sind nicht nur die genannten Etikettierungen. Aus der Kritik, die in dem Moment geübt werden

Die Bürokratie als Klasse

«Die Bürokratenklasse einerseits und die Arbeiter, armen Bauern und unteren Mittelbauern andererseits sind zwei in scharfem Gegensatz zueinander stehende Klassen.»
«Diese Leute sind bereits oder sind gerade dabei, zu bürgerlichen Elementen zu werden, die den Arbeitern das Blut aussaugen... Diese Leute sind... der Gegenstand der Revolution... Wir können uns nur auf jene Kader stützen, die keinen Haß gegen die Arbeiter hegen und vom revolutionären Geist durchdrungen sind.»

MAO TSETUNG, Januar 1965, aus Mao Zidong Sixiang Wansui», o.O. 1967, S. 31, und «Hong Qi» (Rote Fahne), Juli 1976, S.6

Siebzigtausend Beschwerdebriefe unbeantwortet

«Einige führende Kader wissen nichts von den Nöten des Volkes,... nichts davon, daß es unter den Kadern auf Kreis-, Bezirks- und Gemeinde-Ebene viele üble Leute gibt, die sich des Kommandotums, der Gesetzes- und Disziplinverstöße schuldig gemacht haben. Vielleicht wissen sie auch etwas über solche schlechten Leute und schlechten Taten, aber sie schauen drüber weg, fühlen sich nicht betroffen, sind sich des Ernstes der Sache nicht klar und unternehmen daher nichts... Nehmen wir nur die Behandlung von (Beschwerde-)Briefen der Massen als ein Beispiel: nach vorliegenden Berichten saß die Volksregierung einer Provinzregierung auf mehr als 70 000 unbearbeiteten Briefen. Wie viele Briefe bei den Partei- und Regierungsorganisationen unterhalb der Provinzebene noch (unbeantwortet) liegen, wissen wir noch nicht, aber sicher sind es nicht wenige...
Für unsere Partei und Regierung sind das Bürokratentum und die Kommandiererei ein großes Problem nicht nur jetzt, sondern auch noch für eine sehr lange Zeit vor uns.»

MAO TSETUNG, «Gegen Bürokratentum, Kommandiererei, Gesetzesübertretungen und Disziplinverstöße», in AW 5 (chin.), S.72 f.

kann, wenn ehemalige Parteimachthaber unfreiwillig ihren Platz räumen mußten (siehe vor allem die Kulturrevolution und den Sturz der «Viererbande»), erfahren wir, daß Parteivertreter mit Despotie ihren Willen durchsetzten, keine Kritik zuließen, mit Repressalien und Denunziationen arbeiteten, Menschen zum Selbstmord trieben, Beschwerden unterdrückten, sich Privilegien und materielle Vorteile verschafften, ihnen unliebsame Leute verhafteten, aufs Land verbannten oder in Arbeitslager stecken ließen, ja von Folter wird gesprochen, von erzwungenen Geständnissen, von faschistischen Methoden. Diese Repressionen betreffen ebenso Nicht-Parteimitglieder wie Parteimitglieder. Ausgeübt werden sie jedoch (abgesehen von Ausnahmezuständen wie in der Kulturrevolution) von einzelnen Parteifunktionären oder Parteifraktionen im Namen der ganzen Partei und im Namen des Sozialismus.

Das politische System in China korrekt zu erklären und zu bewerten ist schwierig. Sieht man es vom europäischen Standpunkt aus, von dem, was wir «bürgerliche Freiheiten» nennen und an Rechten für den einzelnen gegenüber dem Staat fordern, so erscheint einem das System despotisch, rückständig. Liegt das, so fragt man sich, am marxistisch-leninistischen System? Ist China ein weiterer Beweis dafür, daß ein verwirklichter Marxismus-Leninismus nicht Fortschritt, sondern Rückschritt bedeutet, was die individuellen Entfaltungsmöglichkeiten und das, was wir Verwirklichung der Menschenrechte nennen, betrifft?

Sieht man sich die Vergangenheit an und die Rolle, die die Partei bei der Befreiung von feudaler Unterdrückung und von der Beherrschung und Ausbeutung durch die ausländischen Mächte gespielt hat, so zeigt sich, daß sie unmittelbar an den Bedürfnissen der Bevölkerung anknüpfte – Freiheit von Hunger, brutaler Ausbeutung und physischem Leiden verwirklichte und deshalb die Sympathie, das Vertrauen und die Unterstützung des Volkes fand.

War die Kommunistische Partei also früher anders und ist der heutige Charakter des Systems nur ein Ergebnis ihrer Entwicklung nach 1949?

Die Kommunistische Partei Chinas als Führer der Revolution

Das heutige Wort für Revolution *ge-ming* heißt wörtlich übersetzt «den Auftrag ändern». Gemeint ist das «Mandat des Himmels» an den Kaiser, dem es anvertraut war, alles, was unter dem Himmel ist, zu leiten und zu ordnen. Kommt es zu Unordnung unter dem Himmel – zu Dürren und Überschwemmungen, zu Not und zur Willkür der Herrschenden –, so hat das Volk das Recht, den Auftrag zu ändern, also das Recht zur Revolution. Revolutionen, Rebellionen, Aufstände gab es viele in China, und ihre Urheber wa-

Karikatur aus der Kampagne gegen die «Viererbande».

Selbstmord als gesellschaftliches Problem

«Wenn es in unserer Gesellschaft Faktoren gibt, die den Selbstmord von Fräulein Zhao verursacht haben, dann ist diese Gesellschaft etwas sehr Gefährliches; sie hat zum Tod von Fräulein Zhao geführt, sie könnte auch zum Tod von Fräulein Qie, Fräulein Sun und Fräulein Li führen. Sie bringt Männer ebenso um wie Frauen: Wir alle müssen vor dieser gefährlichen Gesellschaft als potentielle Opfer auf der Hut sein; sie könnte uns einen tödlichen Stoß versetzen. Wir müssen laut protestieren, die anderen Menschen, die noch am Leben sind, warnen und zahllose Mißstände in unserer Gesellschaft verurteilen...»

MAO TSETUNG, aus «Der Selbstmord von Fräulein Zhao» (1919), in S. SCHRAM, «Das politische Denken Mao Tsetungs», S. 314

ren meistens die Bauern. Doch ihre Aufstände konnten nie zur Überwindung jener Verhältnisse führen, durch die sie unterdrückt und ausgebeutet wurden, sondern nur zu ihrer Neuauflage. Die Taiping-Revolution Mitte des 19. Jahrhunderts führte zum ersten Mal mit ihrem politischen Programm, das unverwirklicht blieb, über das Alte hinaus: Sie war antikonfuzianistisch und antibürokratisch, für die volle Gleichberechtigung der Frau, für die völlige Neuordnung des Grundeigentums und für neue Formen der Organisation der Arbeit und des Militärs, doch zugleich war sie die letzte große Bauernrevolution alten Stils, die kurzfristig eine neue Dynastie errichten konnte, dann aber blutig niedergeschlagen wurde.

Auch die von der Kommunistischen Partei Chinas geführte Revolution war eine Revolution, die in erster Linie von den Bauern getragen wurde. Ein Grund dafür, daß sie über die Neuauflage des Alten hinausführen konnte, war der, daß die Kommunistische Partei nicht nur die Mechanismen des Ausbeutersystems analysierte – das Instrumentarium des Marxismus-Leninismus war eine wesentliche Voraussetzung dafür –, sondern den bäuerlichen Massen das System begreiflich machen konnte, das ihre Not verursachte, und so ihr Bewußtsein, ihre Kraft und Initiative für die Umgestaltung der Gesellschaft zu mobilisieren vermochte.

Aber nicht auf dem Lande begann die Revolution, bildeten sich die Voraussetzungen für die Entstehung der revolutionären Partei, sondern in den Städten.

Wichtige Voraussetzung dafür waren einmal das durch die 21 Forderungen des expansiven japanischen Imperialismus im Jahre 1915 endgültig offenbar gewordene Ausgeliefertsein an ausländische ökonomische Interessen, was den Nationalismus nun zur stärksten Triebkraft der Revolution machte, und die russische Oktoberrevolution.

Beides fand seinen Niederschlag in der Bewegung des 4. Mai 1919, die man als ein herausragendes Ereignis in der chinesischen Revolution bewerten kann, da es hier erstmals zu einem Bündnis zwischen Intelligenz, dem jungen chinesischen Proletariat und Teilen der Bourgeoisie kam und in der sich die Auflehnung gegen die Bedrohung von außen verband mit der Abrechnung mit dem Konfuzianismus und der Grundlegung für eine chinesische Nationalkultur und -sprache.

All das bildete gleichsam den Nährboden für die Entstehung der Kommunistischen Partei 1921 in Schanghai. Es lag nahe, daß diese ihr Hauptaugenmerk zunächst auf die Organisation der chinesischen Arbeiterklasse legte, einmal weil ihr Vorbild die Arbeiterbewegung in Europa war, zum anderen, weil ihre Mitglieder dem intellektuellen, städtischen Milieu entstammten.

Die KPCh gründete Arbeiterclubs und -schulen, aus denen die Industriegewerkschaften hervorgingen, organisierte große Streiks,

Die Bauern als revolutionäre Kraft

«... der gegenwärtige Aufschwung der Bauernbewegung ist ein gewaltiges Ereignis. Es dauert nur noch eine sehr kurze Zeit, und in allen Provinzen Mittel-, Süd- und Nordchinas werden sich Hunderte Millionen von Bauern erheben; sie werden ungestüm und unbändig wie ein Orkan sein, und keine noch so große Macht wird sie aufhalten können. Sie werden alle ihnen angelegten Fesseln sprengen und auf dem Weg zur Befreiung vorwärtsstürmen. Sie werden allen Imperialisten, Militärmachthabern, korrupten Beamten, allen Tuhao und Liäshen (Grundherren; A. d. Verf.) das Grab schaufeln. Sie werden alle revolutionären Parteien, alle revolutionären Genossen überprüfen, um sie entweder zu akzeptieren oder abzulehnen. Soll man sich an ihre Spitze stellen, um sie zu führen? Soll man hinter ihnen hertrotten, um sie wild gestikulierend zu kritisieren? Oder soll man ihnen in den Weg treten, um gegen sie zu kämpfen? Es steht jedem Chinesen frei, einen dieser drei Wege zu wählen, aber der Lauf der Ereignisse wird dich zwingen, rasch deine Wahl zu treffen.»

MAO TSETUNG, «Untersuchungsbericht über die Bauernbewegung in Hunan», 1927, in AW 1, S. 21 f.

Die Revolution muß vom Dorf ausgehen

«Solange also die Lage als Ganzes nicht wieder die Bedingungen für die Schaffung der demokratischen Macht in den Städten gewährleistet, muß die Arbeit im Dorfe in der chinesischen revolutionären Bewegung die dominierende Rolle spielen, die Arbeit in der Stadt dagegen nur – eine Hilfsrolle. Erfolge der Revolution im Dorfe und zeitweilige Unmöglichkeit, ebensolche Erfolge in der Stadt zu erringen, Angriff im Dorfe, und, in der Regel, Verteidigung in der Stadt, mehr noch Erfolge und Angriff in einer ländlichen Gegend und Mißerfolge, Rückzug, Verteidigung in einer anderen – das ist in dieser Periode das komplizierte Bild des Kampfes zwischen der Revolution und Konterrevolution in China…»

«… die Vertreter aller ‹links› abweichlerischen Linien begriffen nicht… daß die bürgerlich-demokratische Revolution in China im Grunde genommen eine bäuerliche Revolution ist, begriffen nicht, daß die chinesische Revolution… ihrem Charakter nach lange dauern wird, und darum unterschätzten sie auch die Wichtigkeit des bewaffneten Kampfes und besonders die Wichtigkeit des bäuerlichen Partisanenkrieges und der Basen im Dorfe…»

MAO TSETUNG, «Beschluß über einige Fragen der Geschichte unserer Partei», in «Ausgewählte Schriften», Bd.4, Berlin (DDR) 1960, S.254

koordinierte vereinzelte Abwehrmaßnahmen der Arbeiter zu Aktionen nationalen Charakters und vermittelte dadurch den Arbeitern erstmals das Bewußtsein der Zugehörigkeit zu einer Klasse. Die Folge waren neben einem gestärkten Selbstbewußtsein spürbare materielle Verbesserungen, nicht nur was die Löhne betraf, sondern auch die Arbeitszeit, die Sicherheit am Arbeitsplatz, die Frauen- und Kinderarbeit, das Recht, sich zu organisieren.

Andererseits konnten diese Erfolge im März 1927 durch die blutige Offensive Tschiang Kaischeks gegen die Arbeiter mit einem Schlag wieder zunichte gemacht werden. Es stellte sich heraus, daß die auf Anraten der Komintern 1923 zustande gekommene Kooperation zwischen der KPCh und der nationalistischen Partei Sun Yatsens nicht mit der notwendigen Vorsicht verfolgt worden war.

Ein Zeichen der Stärke der Partei war es (und ein Grund dafür, daß sie überlebte), daß sie im Moment der totalen Niederlage – dem Blutbad von Schanghai war die Niederlage der von den Kommunisten organisierten Aufstände in Kanton und Nanchang gefolgt – die Fähigkeit besaß, aus Fehlern zu lernen, sich nicht mehr auf Analysen Moskaus zu verlassen und sich ihren Weisungen zu widersetzen, Rückschläge in neue Impulse zu verwandeln und Kämpfe innerhalb der Partei auszutragen. Minderheiten in der Parteiführung hatten, wenn auch nicht mit Billigung, geschweige denn mit der Genehmigung der Mehrheit, dennoch die Möglichkeit, ihre Strategien zu erproben. Eine solche neue Strategie, personifiziert in Mao – eine Strategie, die außerhalb der Vorstellungen orthodoxer Marxisten-Leninisten lag –, war die Neuformulierung des Leninschen Konzepts von der Einheit der nationalen mit der sozialen Revolution.

Diese Einheit, die im leninistischen Verständnis das gleichzeitige koordinierte Kämpfen der Arbeiter in den Städten und der Bauern auf dem Land unter der Führung durch die Partei des Proletariats bedeutete, wird nun dahingehend verändert, daß die Bauernrevolution zwar weiterhin unter der Führung des Proletariats, verkörpert durch ihre Avantgarde, die Partei, vollzogen wird, daß jedoch ausdrücklich auf die gleichzeitigen Kämpfe des Proletariats in den Städten, die unter der Kontrolle der imperialistischen Mächte stehen, verzichtet wird. Der Kampf soll enden mit der Einkreisung und schließlichen Eroberung der Städte vom Land aus.

Neben dieser neuen globalen Strategie und dem allmählichen Aufbau einer Armee – die Erfahrung hatte gelehrt, daß es ohne Gewehre keine erfolgreiche Revolution geben konnte – war es vor allem die konkrete Politik auf dem Land, die der KPCh mehr und mehr das Vertrauen und die Unterstützung der Bauern sicherte. Als nach dem Rückzug Maos mit seinen «Truppen», die sich aus Bergarbeitern und Webern, übergelaufenen Guomindang-Soldaten und Bauern, Banditen und Lumpenproletariat zusammensetzten und die erst in einem mühsamen Prozeß Disziplin und demokratisches Verhalten lernen mußten, vom Jingganggebirge aus die wichtigen Stützpunkte im Grenzgebiet der Provinzen Jiangxi und Hunan aufgebaut wurden, machten die Bauern dort eine neue Erfahrung: Diese noch im ersten Stadium des Aufbaus befindliche Rote Armee hatte nichts gemein mit den Armeen der Kriegsherren und der Guomindang, die alles, was sie für ihre Erhaltung brauchten, requirierten, die plünderten, Bauern zum Mi-

litärdienst zwangen, töteten, wenn man sich ihnen widersetzte, kurz Angst und Schrecken verbreiteten, so daß den Bauern, um zu überleben, nur das Mittel blieb, sich in die Berge zurückzuziehen, ihre wenigen Habseligkeiten mitzunehmen oder zu verstecken und ihre Getreidevorräte, soweit vorhanden, zu vergraben. Die Beziehungen der Soldaten der Roten Armee zu den Bauern hingegen basierten auf den «drei Hauptregeln der Disziplin» und den «acht Punkten zur Beachtung», nämlich: Gehorche dem Kommando in allem, was du tust; nimm den Massen nicht eine Nadel, nicht einen Faden weg; liefere alles Beutegut ab. Und: Sprich höflich; sei ehrlich, wenn du etwas kaufst und verkaufst; gib zurück, was du entliehen hast; bezahle für das, was du beschädigt hast; schlage und beschimpfe niemanden; beschädige nicht die Ackerbaukulturen; nimm dir keine Freiheiten gegen Frauen heraus; mißhandle keine Gefangenen.

In den ländlichen Sowjet-Gebieten Südchinas ebenso wie später in der Provinz Shaanxi, wohin man sich zurückziehen mußte, um der Einkreisung durch die Guomindang zu entgehen – dieser von der KPCh organisierte und durchgeführte Rückzug, der Lange

Die Notwendigkeit der Klassenanalyse

«Wer sind unsere Feinde? Wer sind unsere Freunde? Das ist eine Frage, die für die Revolution erstrangige Bedeutung hat. Wenn alle bisherigen revolutionären Kämpfe in China nur sehr geringe Erfolge brachten, so lag die Grundursache darin, daß man es nicht vermochte, sich mit den wahren Freunden zusammenzuschließen, um die wahren Feinde zu bekämpfen. Eine revolutionäre Partei ist der Führer der Massen, und keine Revolution ist jemals erfolgreich gewesen, wenn die revolutionäre Partei die Massen auf einen falschen Weg geführt hat. Um sicher zu sein, daß wir die Revolution nicht auf einen falschen Weg führen, sondern unbedingt Erfolg haben werden, müssen wir dafür sorgen, daß wir uns mit unseren wahren Freunden zusammenschließen, um unsere wahren Feinde zu bekämpfen.»

MAO TSETUNG, «Analyse der Klassen in der chinesischen Gesellschaft», 1926, in AW 1, S. 9

«Ärzte der Volksbefreiungsarmee helfen kranken Bauern», Holzschnitt von Yan Zhang aus den vierziger Jahren.

Mao Tsetung über seine Familie

«...Ich hatte drei Brüder, davon sind zwei von der Guomindang umgebracht worden. Meine Frau fiel auch der Guomindang zum Opfer. Eine jüngere Schwester, die wurde von der Guomindang getötet. Ich hatte einen Neffen, der ist auch von der Guomindang umgebracht worden, ich hatte schließlich einen Sohn, der ist in den Bomben des amerikanischen Imperialismus in Korea umgekommen. Meine Familie ist fast völlig vernichtet worden, doch ich wurde nicht vernichtet, ich allein bin übrig geblieben. Durch Tschiang Kaischek sind die Angehörigen von wer weiß wievielen Familien vernichtet worden; daß ganze Familien vollständig zugrundegingen, so etwas hat es auch gegeben...»

aus H. MARTIN (Hrsg.), «Mao intern», München 1974, S. 237 f.

Marsch, gehört übrigens zu den großartigsten Manifestationen menschlicher Willenskraft und menschlichen Durchhaltevermögens –, verband die Kommunistische Partei immer zugleich mit dem militärischen Kampf politische und wirtschaftliche Aktionen: Sie senkte Pacht und Zins, half beim Organisieren von Bauernvereinigungen und beim Aufbau lokaler Selbstverwaltung, unternahm erste Schritte bei der Neuverteilung des Landes, förderte genossenschaftliches Arbeiten, schaffte erste Voraussetzungen für die Befreiung der Frau, die bis dahin in einem Zustand totaler Rechtlosigkeit lebte.

Ein weiterer wichtiger Grund für die immer anerkanntere Führungsrolle der KPCh und ihrer starken Verankerung im Volk war die Tatsache, daß sie im Gegensatz zur Guomindang für die nationale Unabhängigkeit kämpfte, daß sie in ihrem Kampf gegen das grausame und verhaßte Regime der japanischen Eindringlinge sogar so weit ging, daß sie ihren ärgsten Gegner, die Guomindang, die Hunderttausende ihrer Anhänger und Mitglieder umgebracht hatte, zu einer Einheitsfront gegen Japan zwang. Zwar mußte sie nun aufgrund dieser neuen Einheitsfront viele alte Positionen aufgeben (etwa in der Frage der Bodenreform), weil es nun galt, alle antijapanischen Patrioten zu einigen, was auch die reichen Bauern und die Grundbesitzer einschloß, sofern sie nicht mit den Japanern kollaborierten. Auf der anderen Seite verschaffte ihr das aber die Sympathie auch großer Teile jener noch abwartenden Kreise der Mittelschicht, die ihr bis dahin nicht gefolgt waren, insbesondere eines großen Teils der Intelligenz, die seit 1938 nach Yan'an und in die übrigen antijapanischen Stützpunktgebiete der Kommunisten strömte.

Natürlich gab es in dieser Zeit eine Fülle von Fehlern und Rückschlägen. Entscheidend war jedoch, daß die Kommunistische Partei im Wettstreit mit anderen Kräften, in Konkurrenz zu ihnen, am besten die Bedürfnisse der Massen erkannte und allein in der Lage war, auf sie einzugehen.

Es liegt nahe, den Grund für die Veränderungen der Rolle und des Charakters der Partei in der Entwicklung nach 1949 zu sehen und zwar in der Tatsache, daß die Partei ab 1949 nach und nach die Verfügungsgewalt über alle Bereiche übernahm – über das Bankwesen, den Außenhandel, die Industrie, die Landwirtschaft, den Binnenhandel, das Militär und die Polizei, die Erziehung, Presse, Kultur und Ideologie. Doch ist das allein als Begründung nicht ausreichend. Sieht man sich die Geschichte der chinesischen Revolution und der Partei noch einmal genau an, so fällt auf, daß das Verhältnis Partei/Massen – das für die heutige Gesellschaft der Volksrepublik zur zentralen Frage geworden ist – bereits von Anfang an keimhaft die heutigen Probleme enthielt.

So stellt sich, wenn man an die Niederlage der Arbeiterbewegung in Schanghai 1927 denkt und an den Verrat Tschiang Kai-

«Die Volksbefreiungsarmee und der Bauer», Holzschnitt von Chen Yanchan und Cun Ku (um 1940).

scheks, sofort die Frage, warum die KPCh sich mit allen ihren Arbeiterorganisationen widerstandslos von der Guomindang entwaffnen ließ, warum sie der falschen Lagebeurteilung und den Anweisungen der Komintern nicht selbstbewußter entgegentrat. Lag das nicht vielleicht auch daran, daß die Partei über ihre Gewerkschaften nicht genug in der Basis verankert war, die die drohende Gefahr ganz sicher hätte deutlich machen können aufgrund der Erfahrung, die sie unter dem Joch jener Kräfte gemacht hatte, die wesentliche Träger der Guomindang waren?

Der autoritäre Führungsstil der Gewerkschaften vor 1927

«Für die Massen der Gewerkschaftsmitglieder war es überhaupt nicht außergewöhnlich, daß ihre Gewerkschaften von Funktionären geleitet wurden, die von der Dachgewerkschaft entsandt worden waren... Daß Streiks ausschließlich von den Gewerkschaftsfunktionären angeordnet wurden, war ebenfalls eine natürliche Sache. Die roten Gewerkschaften legten damals die geringste Aufmerksamkeit auf die Entwicklung von Basisorganisationen der Massen und auf die Durchführung von Wahlen und Beschlüssen durch die Massen... Insgesamt gesehen wurden die Gewerkschaften nicht zu eigenen Organisationen der Massen, sondern zu einer Art Behörde (yamen). Das war der größte Fehler.»

QU QIUBAI, «Probleme der chinesischen Arbeiterbewegung» (1930), aus dem Chinesischen übertragen von P. SCHIER in R. LORENZ, «Umwälzung einer Gesellschaft», 1977, S. 319 f.

«Zug mit Geschenken für die Volksbefreiungsarmee», Holzschnitt von Wu Shi (um 1940).

Qu Qiubai, ein führender Kommunist, der später von den Bütteln Tschiang Kaischeks umgebracht wurde, beschrieb dieses Problem für den Bereich der Gewerkschaften sehr deutlich, und Cai Hesen, damals Mitglied des Politbüros, formulierte in seiner «Geschichte des Opportunismus» schon im Jahre 1927 eine Kritik an der massenfeindlichen zentralistischen Organisation, die auch heute, fünfzig Jahre später, nichts von ihrer Aktualität verloren hat.

Auch in Yan'an wird bereits etwas von dem deutlich, was im heutigen China so offenkundig ist (Schriften Maos wie die «Über den Parteischematismus» deuten dies an): ein aufgeblähter, sich verselbständigender Apparat von Verwaltungskadern, die nur noch in sehr geringem Umfang über die Praxis und über die Probleme der Bauern informiert sind, eine Bürokratensprache, die einschüchternd oder unverständlich ist und vorwiegend aus Phrasen besteht, ein autoritärer Arbeitsstil, die Vertretung dogmatischer Positionen, die den realen Verhältnissen nicht entsprechen usw. Ein Grund für diese Entwicklung der Partei lag einmal in dem ungeheuren Zustrom von Sympathisanten aus allen Teilen

Zum Problem der innerparteilichen Demokratie in den zwanziger Jahren

«... die oberen Parteiorgane (verbieten) den unteren Abteilungen der Partei, eigenhändig Parolen auszugeben, selbständig Erklärungen zu veröffentlichen und die Strategie und Taktik der lokalen Kämpfe selbst festzulegen. Dies ist darauf angelegt, daß die unteren Parteigremien total abhängig sind von der Führung durch die oberen Parteiorgane, und daß die Parteimitglieder den Befehlen wie Soldaten absolut gehorchen. Eine derartige Organisation ist der Form nach sehr genau und streng; sie stellt wirklich eine eiserne Organisation mit einer eisernen Disziplin dar. Aber die Gefahr, die sich darin verbirgt, ist gewaltig. Die Massen der Parteimitglieder und die unteren Abteilungen der Partei können überhaupt nicht eigenständig und spontan ihre Fähigkeiten entwickeln. Sie sind von Anfang bis Ende nur Soldaten, die auf Befehl handeln. Sie sind eben nicht sehr selbstbewußte und sehr eigenständige Kampfeinheiten und Kämpfer...

Es gelten nur die Meinungen und Urteile (über richtig und falsch) der oberen Parteiorgane; Meinungen und Urteile der unteren Parteizellen und Massen gibt es nicht. Wenn die unteren Abteilungen der Partei und die Massen gegenüber den oberen Parteigremien abweichende Meinungen äußern oder gar Kritik üben, dann legen die Führungsorgane das als Verrat und Rebellion aus und ergreifen schwere Unterdrückungsmaßnahmen. Von daher hat sich die Gewohnheit des ‹die Massen fürchten› entwickelt. Es wird die Ansicht vertreten, daß die parteiinternen Angelegenheiten die Massen nichts angehen, und man ist der Auffassung, daß das Auftreten abweichender Meinungen die Autorität der Führungsorgane untergraben würde. Deshalb fürchten die Leute in den Führungsgremien natürlich auch, daß Vertreter der Massen an der Führung teilhaben...»

CAI HESEN, «Geschichte des Opportunismus», 1927, aus dem Chinesischen übertragen von P. SCHIER, in R. LORENZ, «Umwälzung einer Gesellschaft», S. 330

des Landes und in dem schnellen Anschwellen der Partei von 40 000 auf 800 000 Mitglieder (wobei es sich um sehr heterogene Elemente handelte) innerhalb von drei Jahren. Ein anderer Grund war – und das ist für unseren Zusammenhang wichtig –, daß die äußere Bedrohung zurücktrat: es war die Zeit (1937 bis 1939) der mit der Guomindang geschlossenen Einheitsfront, in der die Guomindang sich an den Waffenstillstand hielt.

Erst als die KPCh sich 1942 plötzlich mit einer doppelten Bedrohung konfrontiert sah – eine Blockade der Guomindang verhinderte die weitere Versorgung mit Waffen und Nahrungsmitteln, und gleichzeitig begannen die japanischen Invasionstruppen eine allgemeine Offensive gegen das Grenzgebiet –, kam es zu einschneidenden Reformen und zu dem, was als «Massenlinie» zu einem besonderen Merkmal der Praxis der KPCh werden sollte, mit dem sie sich von den anderen marxistisch-leninistischen Parteien unterscheidet. Es ist dieses Yan'an, das heute gewöhnlich als Alternative zu verkrusteter Bürokratie zitiert wird.

Noch anhand eines dritten Beispiels lassen sich Keime aufzeigen, die die später alles beherrschende Position der Partei mit begründen, und zwar bei der Bodenreform. Der Prozeß der Umverteilung erstreckte sich in jedem Dorf über viele Monate, Jahre. In zahllosen Versammlungen und Diskussionen galt es festzulegen: Wer hat wieviel? Wem steht wieviel zu? Wer muß wieviel seines Vermögens abgeben? Das Resultat dieser Auseinandersetzungen war das Aufbrechen der alten Abhängigkeiten, aber auch alter Loyalitäten, nicht nur, was die Vertikale, sondern auch die Horizontale betrifft: Knechte sagten aus gegen ihre Herren, Frauen gegen ihre Männer, Kinder über ihre Eltern, Nachbarn gegen ihre Nachbarn. Mit der Entmachtung der alten herrschenden Klasse fand eine Aufsplitterung der Dorfbevölkerung statt – das gleiche wiederholte sich später in den Städten bei der Auseinandersetzung mit der Bourgeoisie im Rahmen der «Fünf-Anti-Bewegung» –, eine Situation, in der sich ganz «natürlich» die neue Herrschaft der KPCh konstituierte.

Zum Abschluß der Überlegungen über die Partei soll noch einmal die Bedeutung der Massenlinie hervorgehoben werden, weil sie, wie gesagt, ein besonderes Merkmal des chinesischen Weges der Revolution ist. War sie ursprünglich Ausdruck für ein weitestgehend demokratisches Verhältnis zwischen Partei und Volk, so besteht heute die Gefahr, daß die Massenlinie vorrangig einen manipulativen, sozialtechnischen Charakter annimmt: Massenmobilisierung als Massenkontrolle. Besonders deutlich wurde dieses Problem in der Kulturrevolution, als einzelne Fraktionen der Parteiführung versuchten, mit Hilfe der Mobilisierung von Studenten, Schülern, Arbeitern, Bauern andere Fraktionen zu entmachten. Die «Große Proletarische Kulturrevolution» stieß denn auch schon bald auf Widerstand bei vielen Arbeitern.

Ging es vor der Eroberung der Staatsmacht darum, mit Hilfe der Mobilisierung der Massen das Überleben der Partei und der Revolution zu sichern, so lautete nachher die Frage, welche Gruppe innerhalb der Parteiführung mit Hilfe der Massenmobilisierung überlebte.

Doch diejenigen, die von den vielen Massenkampagnen nach 1949 vielleicht noch direkter betroffen waren als die Massen selbst, waren wohl die Mitglieder der Partei. Für sie hatten diese Bewegungen den Charakter von ideologischen «Säuberungen» (der Begriff steht hier also nicht für gewaltsame Liquidierung), «Läuterungen» des Bewußtseins. Sie hatten zu lernen, sich in die Partei zu integrieren: aus Vertretern der Massen (die sie ursprünglich waren) werden Vertreter der Partei. Damit wird die Partei mehr und mehr zum Selbstzweck.

Wider das Partei-Chinesisch

«Einige unserer Genossen schreiben gern lange Artikel, die aber keinerlei Inhalt haben, wie ‹die Fußbinden einer Schlampe, lang und übelriechend› sind. Warum muß man so langatmig und inhaltslos schreiben? Hier kann es nur eine Erklärung geben: Die Verfasser sind entschieden dagegen, daß die Massen sie lesen.»
«... Manche dieser Schreibereien sind nicht nur voll endloser Phrasendrescherei sondern auch bewußt wichtigtuerisch, um andere einzuschüchtern...»

MAO TSETUNG, «Gegen den Parteischematismus», 1942, in AW 3, S. 59 f.

Über die Massenlinie

«In der gesamten praktischen Arbeit unserer Partei muß eine richtige Führung stets ‹aus den Massen schöpfen und in die Massen hineintragen›, das heißt: die Meinungen der Massen (vereinzelte und nicht systematische Meinungen) sind zu sammeln und zu konzentrieren (...) und dann wieder in die Massen hineinzutragen, zu propagieren und zu erläutern, bis die Massen sie sich zu eigen gemacht haben, sich für sie einsetzen und sie verwirklichen; dabei wird die Richtigkeit dieser Meinungen in den Aktionen der Massen überprüft.»

MAO TSETUNG, «Einige Fragen der Führungsmethoden», 1943, in AW 3, S. 137

«Bei jeder Arbeit, die für die Massen geleistet wird, muß man von den Bedürfnissen der Massen ausgehen und nicht von irgendwelchen persönlichen Wünschen, und seien diese noch so wohlmeinend.»
«Jede Tätigkeit, bei der die Teilnahme der Massen erforderlich ist, wird zu einer bloßen Formsache werden und Schiffbruch erleiden, wenn das Bewußtsein und der Wille der Massen fehlen.»

MAO TSETUNG, «Die Einheitsfront in der Kulturarbeit», 1944, in AW 3, S. 217

Versammlung in einem Fischerdorf während der Bewegung zur Kritik an Lin Biao und Konfuzius, Zeichnung von 1974.

193

China
im Kontinuum seiner Geschichte

Umerziehung durch Arbeit

«Gemäß den Richtlinien des ZK und des Vorsitzenden Mao Tsetung griffen wir nur gegenüber den schlimmsten Konterrevolutionären, die unbedingt hingerichtet werden mußten, entschlossen zu der härtesten Methode. Wir richteten eine unbedeutende Anzahl hin. Gegenüber der Mehrzahl der zu bestrafenden Verbrecher, sogar gegenüber denen, die eigentlich auch hingerichtet werden sollten, aber nicht unbedingt hingerichtet werden mußten, wandten wir die Methode der Umerziehung durch die Arbeit an. In den Strafgesetzen unseres Landes gibt es folgende Festlegung: ‹Das Todesurteil wird gefällt, aber der Strafvollzug wird um zwei Jahre aufgeschoben. Nach diesen zwei Jahren wird man feststellen, ob sich der Verurteilte durch die Zwangsarbeit geändert hat.› Die Imperialisten bezeichnen das als größte Grausamkeit; wir aber sagen, daß das höchster Humanismus ist. Sogar die Verbrecher verstehen sehr gut, daß die Volksregierung sie mit dieser Methode vor dem Beil rettet und ihnen die letzte Gelegenheit gibt, sich zu bessern.»

LUO RUIQING, «Der Kampf zwischen Revolution und Konterrevolution», in «Der 10. Jahrestag der Gründung der Volksrepublik China», Peking 1959, S. 182

Auf der einen Seite sahen wir, daß in China im Gange ist, was weltweit vor sich geht: die Industrialisierung, und zwar verstanden als ein umfassender, zielgerichteter Prozeß, im Rahmen dessen es in jedem Bereich der betroffenen Gesellschaft zu einer zunehmenden Arbeitsteilung kommt, die nach wissenschaftlich-rationalen Kriterien organisiert ist; ein Vorgang, der technisch eine zunehmende Normierung, Standardisierung der Produkte bedeutet, ökonomisch einen Prozeß fortschreitender Enteignung der Produzenten und die allgemeine Durchsetzung des Lohnarbeitsverhältnisses, politisch die Durchsetzung einer hierarchisch-bürokratischen Organisation und ideologisch die Ablösung der tradierten Weltbilder durch rationale Erklärungsmuster. Für den einzelnen Bürger heißt das einerseits eine ungeahnte Erweiterung der Möglichkeiten zur Befriedigung persönlicher Bedürfnisse, andererseits eine ständige Unterwerfung unter anscheinend zunehmend unbeeinflußbare Entwicklungen und eine dauernde Disziplinierung.

Das sozialistische System in China ist nichts anderes als eine Form dieser Industrialisierung in einem vorwiegend agrarischen Land, in dem dieser Prozeß erst begann, als die internationale Arbeitsteilung schon weit fortgeschritten war.

Doch auf der anderen Seite darf uns dieser Prozeß nicht vergessen lassen, daß China eine völlig andere Geschichte hat als wir, auf ganz andere Traditionen aufbaut. Wir müssen uns fragen, ob wir mit unseren aus unserer Geschichte entwickelten Kategorien und unseren Forderungen nach demokratischen Rechten (die in China allerdings selbst postuliert werden und, wie wir sahen, in der Verfassung verankert sind) nicht die Sicht für ein Verständnis der realen Verhältnisse versperren, für das, woran China anknüpft und woraus sich eine andere individuelle und gesellschaftliche Sozialisation, andere Erwartungen und Prioritäten, andere Verhaltensweisen ergeben. Das soll nicht heißen: wir Europäer, wir brauchen die demokratischen Rechte zu unserer Entfaltung, die Chinesen brauchen sie nicht. Im Gegenteil!

Großen Einfluß auf die Lebenshaltung und Denkart des chinesischen Volkes hat noch immer der Konfuzianismus, der zwar immer wieder in politischen Bewegungen und Kampagnen seit Beginn der Revolution bekämpft wurde, aber zu lange tragender

Pfeiler des alten Systems war, als daß sein Einfluß in ein paar Jahrzehnten verschwunden wäre. Der Konfuzianismus lieferte jahrhundertelang das ideologische Fundament für die Einordnung des Menschen in den irdischen und außerirdischen Kontext und – was in jedem Gesellschaftssystem zum Vorteil der Herrschenden ausschlägt – bestärkte den einzelnen, egal welchen gesellschaftlichen Rang er bekleidete, den eigenen Platz in dieser Ordnung zu akzeptieren. Ein wesentlicher Bestandteil des konfuzianistischen Systems waren die Riten, die, zunächst sakralen Ursprungs, eine

Harmonie zwischen Kosmos und Gesellschaft ausdrücken sollten, dann aber zum Begriff des Sittlichen schlechthin wurden.

Arbeitsintensiv betriebene Landwirtschaft ist früher wie heute Grundlage der chinesischen Wirtschaft. Deutscher Stahlstich von 1880.

Große Bedeutung wurde dabei dem richtigen Verhältnis der Menschen untereinander zugemessen, fixiert in den «Fünf menschlichen Beziehungen», den Beziehungen zwischen Fürst und Untertan, Vater und Sohn, Mann und Frau, älterem und jüngerem Bruder, Freund und Freund. Die Ehrfurcht, vor allem der Gehorsam gegenüber dem Älteren bzw. Höherstehenden, begründete und erhielt einmal die traditionelle patriarchalische Familienordnung und zum anderen die Unterordnung unter die Autorität desjenigen, der einen höheren Rang bekleidete.

Ein weiteres wichtiges Element des Konfuzianismus bildete die Strömung, die entgegen der Betonung des angeborenen Guten im Menschen die Überzeugung vertrat, der Mensch sei nicht von Natur aus gut, sondern müsse dazu erzogen werden. Es läßt sich leicht vorstellen, daß in einem solchen System, das bis ins 20. Jahrhundert hineinreichte, der Begriff der «Freiheit», wie er in den bürgerlichen Demokratien entwickelt wurde, nicht existierte.

Sun Yatsen antwortete einmal auf die Frage, was der Begriff der Freiheit für einen Sinn in China habe, daß es nur Gelehrten aufgrund von langen Nachforschungen gelungen sei, ihn zu verstehen. Weder die Bauern noch der Mann auf der Straße wüßten, was damit gemeint sei. Freiheit hätte nur für die eine Bedeutung, die im Ausland studiert hätten, oder für jene, die sich für die europäische oder amerikanische Außenpolitik interessierten und die in ihrer Lektüre immer wieder auf den Begriff gestoßen seien. Aber auch sie wüßten im Grunde nicht, was das sei.

«Der Vorsitzende Mao ist kein Kaiser»

«Während der ersten Jahre der Revolution passierte etwas Seltsames. Als die Bauern zum Jahrestag (der Gründung der VR China) im Oktober kamen und vor der Tribüne vorbeizogen, machten viele Ko-tau vor dem Vorsitzenden Mao. Wir mußten Posten an diese Stelle beordern, um sie daran zu hindern, sich vor ihm niederzuwerfen. Es braucht seine Zeit, um dem Volk begreiflich zu machen, daß Vorsitzender Mao kein Kaiser oder Gott ist, sondern ein Mensch, der will, daß die Bauern aufrecht stehen wie Menschen.»

GONG PENG im Gespräch mit Edgar Snow, E. SNOW, «Die lange Revolution», S. 85

«Verbunden wie eine Familie», Holzschnitt von Li Borong und Chen Yixun. Soldaten der Volksbefreiungsarmee und Dorfbewohner bei einer Filmvorführung.

Die Ratlosigkeit, die in Sun Yatsens Worten gegenüber diesem Begriff deutlich wird, ist verständlich, wenn man bedenkt, wie sehr unser Begriff der «Freiheit» und der «bürgerlichen Freiheiten» an die Entfaltung der Warengesellschaft gebunden ist, die sich in China nie durchgesetzt hat.

Entsprechend hat sich in China auch nicht wie in der europäischen Geschichte das Bewußtsein vom eigenen Selbst und das Gefühl individueller Unabhängigkeit (mit den entsprechenden Schattenseiten) entwickeln können, sondern immer war es die Gruppe, die Vorrang hatte.

In chinesischen Gemeinden außerhalb Chinas (aber auch noch in China selbst), in denen sich bestimmte Traditionen zum Teil in ihrer alten Form bewahrt haben, wird diese Gruppenbezogenheit sehr deutlich, nicht nur in Bezug zur Familie, zum Clan, zur dörflichen Gemeinde, zur Berufs-«Zunft», sondern in Bindungen an Gemeinschaften, die darauf beruhen, daß man in die gleiche Schule ging oder die gleiche Universität besuchte oder aus der gleichen Stadt, dem gleichen Kreis, der gleichen Provinz kommt. Selbst vertikale Hierarchien werden oft aufgrund solcher Bindungen in gewisser Weise neutralisiert.

Je weniger jemand gewohnt ist, für sich allein zu handeln und zu entscheiden, desto größer ist das Bedürfnis, in Übereinstimmung, in Harmonie mit seiner Gruppe zu leben.

«In bezug auf die fundamentale westlich-japanische Differenz hat man von ‹Schuldkultur› und ‹Schamkultur› gesprochen. Das Erlebnis der Schuld isoliert und individualisiert. Es wirft den einzelnen auf sich selbst in seinem abgründigen und unmittelbaren Verhältnis zu Gott oder zu anderen Instanzen der Wahrheit und des Rechts zurück. Scham dagegen ‹sozialisiert›; sie verweist auf die anderen, auf die Gruppe, der man zugehört. Das unterschiedliche Gewicht von Schuld und von Scham gilt aber im Verhältnis des Westens nicht nur zu Japan, sondern zu allen ostasiatischen Kulturen, die wesentlich von China her geprägt wurden.» (von Krockow)

Opfer für die Ahnen. Die Ahnenverehrung war ein wichtiger Bestandteil des Konfuzianismus. Deutscher Stahlstich von 1880.

Dieses Verhältnis zur Gruppe hat bis heute seine fundamentale Bedeutung nicht verloren. Eine ganze Reihe von Erwartungen und Verhaltenweisen erklären sich daraus. Anders zu sein als die

Die Behandlung abweichender Meinungen

«Bei der Behandlung ideologischer und politischer Krankheiten darf man sich nicht grob verhalten, sondern muß ausschließlich nach dem Satz vorgehen: ‹Die Krankheit bekämpfen, um den Patienten zu retten›; nur das ist die richtige und wirksame Methode...»

«Wir werden jeden, der einen Fehler gemacht hat, willkommen heißen und ihn von seiner Krankheit heilen, damit er ein guter Genosse wird, wenn er seine Krankheit nicht verbirgt, um der Behandlung zu entgehen, wenn er nicht so lange auf seinem Fehler beharrt, bis er nicht mehr zu kurieren ist, sondern ehrlich und aufrichtig den Wunsch zeigt, sich dem Arzt anzuvertrauen und sich zu bessern.»

MAO TSETUNG, «Den Arbeitsstil der Partei verbessern» (1942), in AW 3, S. 53

anderen, in seinem Verhalten abzuweichen von der Gruppe, hat nichts Verlockendes, eher etwas Abschreckendes. Schon die kleinste Extravaganz in der Kleidung wird bemerkt, erst recht jede stärker von der Norm abweichende Verhaltensweise (das gilt, innerhalb der Städte, vor allem für das konservative Peking). So kommt es auch, daß das, was bei uns jeder als seine Privatangelegenheit betrachtet, in China nicht ohne weiteres seine Privatsache sein kann. Wenn eine unverheiratete Frau mit einem Mann ausgeht, ein Paar sich scheiden lassen will, ein junges Mädchen schwanger wird, eine Kollegin oder ein Kollege Junggeselle bleibt, dann fühlt sich jeder berechtigt, sich darum zu kümmern, was dem Betroffenen nicht unbedingt zum Vorteil gereicht. Vermittelt das Kollektiv auf der einen Seite eine große Sicherheit, so übt es auf der andern Seite eine starke soziale Kontrolle aus.

Wenn jemand zu stark von der Norm abgewichen ist und die Einheit damit in Frage gestellt ist, wird alles getan, um sie wiederherzustellen. Ein Mittel im heutigen China zur Wiederherstellung dieser Einheit, das ebenfalls auf alten Traditionen beruht, ist das System von Kritik und Selbstkritik. Kritik signalisiert einen möglichen Ausschluß aus der Gemeinschaft, Selbstkritik die Bereitschaft, wieder Teil der Einheit zu werden. Ob die Selbstkritik den realen Empfindungen entspricht oder nicht, ist dabei von sekundärer Bedeutung. Wichtig ist allein der demonstrierte Wille, sich wieder einzuordnen. Die Methode von Kritik und Selbstkritik ist angesichts der starken Gruppenbindung und der daraus resultierenden Furcht, öffentlich bloßgestellt zu werden bzw. sich selbst bloßstellen zu müssen, ein viel wirksameres Mittel als alle Strafen.

Es ließe sich noch an vielen weiteren Beispielen aufzeigen, wie sehr im heutigen China alte Strukturen und Traditionen wirksam sind: die ständige Neuschreibung der Geschichte, die Heranziehung von Personen für die Erklärung von politischen und ökonomischen Prozessen, die geforderte Loyalität gegenüber der Führung, die Vorstellung von der Beeinflußbarkeit menschlichen Handelns durch Vorbildliches und Belehrung in Kunst und Erziehung, die rituellen Formen der Propaganda oder das Verhältnis von Partei und Volk zu Mao.

In jedem Land und in jedem Gesellschaftssystem ist die Vergangenheit wirksam. Das ist eine Banalität. Das Besondere und in gewisser Weise Paradoxe am System im heutigen China ist, daß der chinesische Sozialismus auf der einen Seite die wirksamste Form zu sein scheint, die von der alten Gesellschaft zurückgelassenen ökonomischen Verhältnisse aufzubrechen und eine relativ rasche Industrialisierung zu verwirklichen; daß ihm auf der anderen Seite jedoch geradezu eine restaurative Funktion zukommt, nicht weil vergangene Strukturen und Traditionen weiter wirksam sind, sondern weil die Kommunistische Partei Chinas sich faktisch ihrer bedient, um ihre Herrschaft weiterzuführen.

Überblick über die chinesischen Dynastien

Shang		1500 bis	1050
Zhou		1050 bis	481
Streitende Reiche		481 bis	256
Qin	1. Einigung	221 bis	207
Han		−206 bis	+220
Drei Reiche	1. Teilung		
Shu Han		221 bis	264
Wei		220 bis	264
Wu		222 bis	279
Westliche Jin	2. Einigung	265 bis	316
Östliche Jin		317 bis	419
Nördliche und südliche Dynastien	2. Teilung	420 bis	581
Sui	3. Einigung	581 bis	618
Tang		618 bis	906
Fünf Dynastien (Wu Tai)	3. Teilung	907 bis	960
Liao (Kitan-Tataren)		937 bis	1125
Xi-Xia (Tangut-Tibeter)		990 bis	1127
Song	4. Einigung	960 bis	1279
nördliche Song		960 bis	1127
südliche Song		1127 bis	1279
Jin (Jürched-Tataren)		1115 bis	1234
Yuan (Mongolen)		1279 bis	1368
Ming		1368 bis	1644
Qing (Mandschuren)		1644 bis	1911

201 Landschaftsmalerei im alten Stil – Wandmalerei an der Yangzi-Brücke in Nanjing.

202 Bronzefigur mit Palastlampe, um 100 v. Chr.

203 Oben links: Weihrauchgefäß aus Bronze, um 100 v. Chr., ein Gebirge darstellend.
Oben rechts: Männerporträt aus Holz.
Unten links: Dachziegel mit Drachenmotiv.
Unten rechts: Kaiserkrone.

204 Alte Bronzearbeiten im Kai-
205 serpalast von Peking.

206 Das Kunsthandwerk wird in
207 China nach alter Technik ge-
pflegt, die Motive sind allerdings oft der heutigen Arbeits-
welt entnommen. Die meisten Arbeiten werden exportiert.

208 Kalligraphie-Übungen in der Pädagogischen Hochschule in Nanjing.
Die Kalligraphie wird auch heute noch an Schulen und Hochschulen betrieben, etwa beim Übertragen von Gedich-ten Mao Tsetungs.
Bei öffentlichen Anschlägen und Schrifttafeln wird heute immer häufiger eine verein-fachte Schrift benutzt, die aus Versuchen zur Einleitung ei-ner Schriftreform im Jahr 1956 hervorgegangen ist.

209 Politische Graphik in einer Kantoner Straße: «Grabt tiefe Tunnel, legt Vorräte an und strebt nicht nach Hegemonie» (Mao Tsetung).

210 Karikaturen als Wandzeitun-gen: Kritik an Konfuzius.

211 Oben: Kritik an Konfuzius und Lin Biao.
Unten: Kritik an Lin Biao.

212 Das «Rote Frauenbataillon»
213 im Theater von Wuxi.

214 Schaufensterdekoration eines Kaufhauses in Guilin. «Ich bin ein junges Mitglied der Volks-kommune».

215 Kranz zum ersten Todestag Mao Tsetungs. Mao mit seiner zweiten Frau Yang Kaihui. «Unvergeßlich ist uns der große Führer und Lehrer Mao».

216 Der Vorsitzende Hua Guofeng tritt das Erbe des Vorsitzenden Mao Tsetung an.

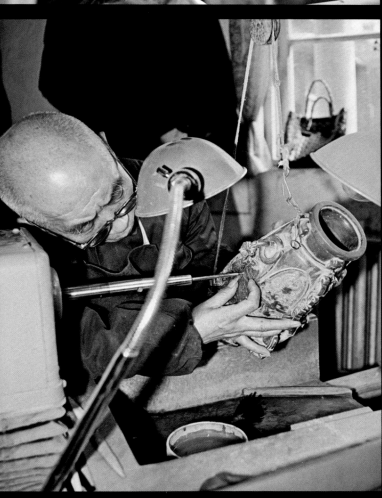

要扫除一切害人虫,

四海翻腾云水怒

打倒孔老二

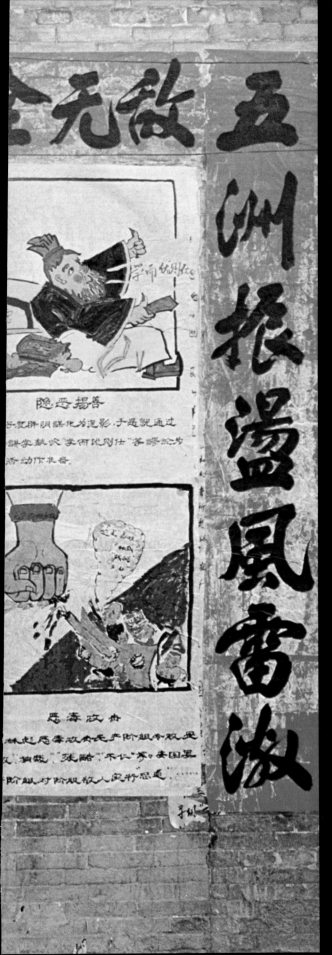

伟大领袖和导师毛席逝世

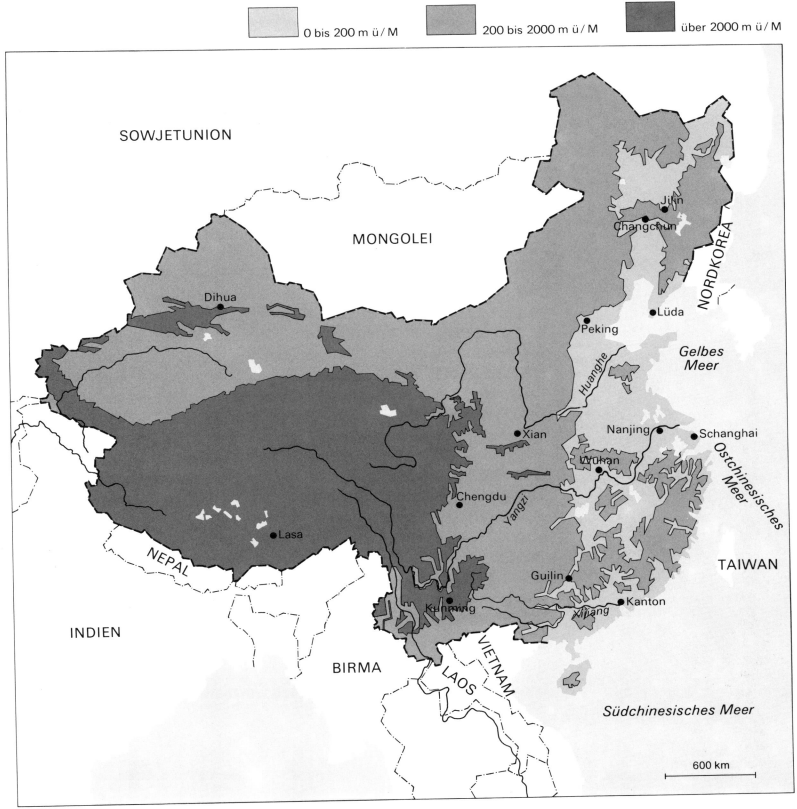

SOWJETUNION

MONGOLEI

NORDKOREA

INDIEN

NEPAL

BIRMA

LAOS

VIETNAM

TAIWAN

Gelbes Meer

Ostchinesisches Meer

Südchinesisches Meer

0 bis 200 m ü/M   200 bis 2000 m ü/M   über 2000 m ü/M

Dihua

Jilin

Changchun

Lüda

Peking

Huanghe

Xian

Nanjing

Schanghai

Wuhan

Chengdu

Yangzi

Lasa

Guilin

Kanton

Kunming

Xijiang

600 km

Register

Bibliographie

Albrecht, D., u. Betke, D. (Hrsg.): Auf dem Langen Marsch. Die Wende in der chinesischen Revolution, von Teilnehmern erzählt. Berlin (W) 1976, Verlag Klaus Wagenbach

Bauer, W.: China und die Hoffnung auf Glück. Paradiese, Utopien, Idealvorstellungen. München 1971, Hanser Verlag

Belden, J.: China erschüttert die Welt. Frankfurt/M 1973, Verlag Neue Kritik (Reprint)

Biehl, M.: Die chinesische Volkskommune im großen Sprung und danach. Hamburg 1965, Verlag Weltarchiv

Blumer, G.: Die chinesische Kulturrevolution 1965/67, Frankfurt/M 1968, Europäische Verlagsanstalt

Broyelle, C. u. J., Tschirhart, E.: Zweite Rückkehr aus China. Ein neuer Bericht über den chinesischen Alltag. Berlin (W) 1977, Verlag Klaus Wagenbach

Chesneaux, J.: Weißer Lotus, Rote Bärte. Geheimgesellschaften in China. Zur Vorgeschichte der Revolution. Berlin (W) 1976, Verlag Klaus Wagenbach

Chou Lipo: Orkan. Die Revolution auf dem chinesischen Dorf (Roman). Berlin (W) 1972, Oberbaumverlag (Reprint)

Die Räuber vom Liang Schan Moor (Rebellenroman aus dem alten China, 2 Bde.) Frankfurt/M 1975, insel taschenbuch 191

Fischer, H., von Krockow Ch., Schubnell H.: China. Das neue Selbstbewußtsein. München 1978, Piper Verlag

Franke, W. (Hrsg.): China Handbuch. Düsseldorf 1974, Bertelsmann Universitätsverlag;
China Handbuch (Auszug). Reinbek 1977, Rowohlt Verlag

Franke, W.: China und das Abendland. Göttingen 1962, Vandenhoeck u. Ruprecht

Franke, W.: Das Jahrhundert der chinesischen Revolution 1851–1949. München 1958, Oldenbourg Verlag

Gernet, J.: Le monde chinois. Paris 1972

Hagemann, E., u. Rochlin, P.: Die Kollektivierung der Landwirtschaft in der Sowjetunion und in der VR China. Berlin (W) 1971

Hinton, W.: Fanshen. Dokumentation über die Revolution in einem chinesischen Dorf. 2 Bde. Frankfurt/M 1972, edition suhrkamp

Kosta, J., u. Meyer, J.: Volksrepublik China. Ökonomisches System und wirtschaftliche Entwicklung. Frankfurt/M 1976, EVA

Li Fuchun: Report of the First Five Year Plan. Peking 1955

Lorenz, R. (Hrsg.): Umwälzung einer Gesellschaft. Zur Sozialgeschichte der chinesischen Revolution (1911–1949). Frankfurt 1977, edition suhrkamp

Lu Hsün: Einige Erzählungen. Peking 1974, Verlag für fremdsprachige Literatur

Lu Hsün: Der Einsturz der Lei-feng-Pagode. Essays über Literatur und Revolution in China. Reinbek 1973, Rowohlt Verlag

Mao Tsetung: Fünf philosophische Monographien. Peking 1976, Verlag für fremdsprachige Literatur

Mao Tsetung: Ausgewählte Werke, 4 Bde. Peking 1968/69, Verlag für fremdsprachige Literatur

Mao Tun: Schanghai im Zwielicht (Roman über das China der dreißiger Jahre). Dresden 1938, Wilhelm Heine Verlag. Neuerscheinung Berlin (W), Herbst 1978, Oberbaumverlag

Moore, B.: Die sozialen Ursprünge von Diktatur und Demokratie. Frankfurt/M 1974, Suhrkamp

Myrdal, J.: Bericht aus einem chinesischen Dorf. München 1974, dtv

Nagel/Encyclopédie de voyage: Chine. (China-Reiseführer, engl. u. franz. Ausgabe). Genève 1973, Les Editions Nagel

Prušek, J.: Die Literatur des befreiten China und ihre Volkstraditionen. Prag 1955, Artia Verlag

Schram, S.: Das politische Denken Mao Tse-tungs. Das Mao-System. München 1975, dtv

Schram, S.: Mao Tse-tung. Frankfurt/M 1969, Fischer Verlag

Snow, E.: Die lange Revolution. China zwischen Tradition und Zukunft. München 1975, dtv

Snow, E.: Roter Stern über China. Frankfurt/M 1970, März Verlag

Snow, E.: Gast am anderen Ufer. Rotchina heute. München 1964, Kindler Verlag

White, Th., u. Jacoby, A.: Donner aus China. Stuttgart 1949, Rowohlt Verlag

Wittfogel, K. A.: Wirtschaft und Gesellschaft Chinas. Versuch einer wissenschaftlichen Analyse einer großen asiatischen Agrargesellschaft. Leipzig 1931, Verlag von C. L. Hirschfeld

Yu, C. L.: Der Doppelcharakter des Sozialismus. Zur politischen Ökonomie der VR China. I. Teil: Die Revolution auf dem Land. II. Teil: Die Revolution in der Stadt. 2 Bde. Berlin (W) 1975, Verlag Klaus Wagenbach

Bildnachweis der Textillustrationen

Friedhelm Fett, Kassel: 186
Aus: «Holzschnitt im Neuen China; Berichte, Dokumente, Analysen zur aktuellen Kunst in China». Herausgeber: Gesellschaft für Verständigung und Freundschaft mit China e.V., Berlin. 2. Auflage, 1977: 25 27 29 65 66 67 103 104 106 107 110 111 112 141 142 144 152 153 196
Die übrigen Holzschnitte stammen aus chinesischen Publikationen.

Quellenverzeichnis

Der Abdruck einiger Texte erfolgte mit freundlicher Genehmigung der Copyright-Besitzer:
S. 72 (Myrdal): Nymphenburger Verlag, München. S. 73 (Snow): Verlag Roter Stern, Frankfurt/M. S. 75 (Franke): R. Oldenbourg Verlag, München. S. 78, 191, 192 (Lorenz): Suhrkamp Verlag, Frankfurt/M. S. 101 (Hinton): Suhrkamp Verlag, Frankfurt/M. S. 105 (Tomson/Su): Verlag Wissenschaft und Politik, Köln. S. 108 (Albrecht): Verlag Klaus Wagenbach, Berlin (W). S. 150, 151, 152 (Snow): Kindler Verlag, München. S. 185, 187, 189, 193, 198 (Mao Tsetung, AW): Verlag für fremdsprachige Literatur, Peking. S. 186 (Schram): dtv, München. S. 189 (Martin): Carl Hanser Verlag, München. S. 196 (Snow): Deutsche Verlagsanstalt, Stuttgart.

Im Buch erwähnte chinesische Maße

1 Mou = ca. 700 m²; 1 Jin = ca. 500 g; 1 Yuan = 100 Fen = ca. DM 1,30.